CH. GUIZARD

L'IDÉAL SOCIAL

L'IDÉAL SOCIAL C'EST L'ACCROISSEMENT DU BIEN-ÊTRE GÉNÉRAL DURANT LA PÉRIODE ACTIVE DE LA VIE, ET LA RETRAITE POPULAIRE UNIFORME POUR TOUT LE MONDE POUR LA PÉRIODE PASSIVE LA "VIEILLESSE". L'IDÉAL SOCIAL EST RÉALISABLE PAR UNE RÉPUBLIQUE FRANCHEMENT "RÉALISTE", TELLE QUE NOUS LA CONCEVONS

ÉTIENNE CHIRON, éditeur
PARIS

Vient de paraître

TOUS CEUX QUI ASPIRENT A L'ÉTABLISSEMENT DANS LE MONDE D'UNE ÈRE DE BONHEUR ET DE PROSPÉRITÉ LIRONT AVEC INTÉRÊT CE SOMBRE TABLEAU DE LA VIE D'UN PEUPLE QUI SE DÉBAT DANS LA PLUS TERRIBLE DES EXPÉRIENCES QUE LE MONDE AIT JAMAIS CONNUES.

Un Volume de 256 pages. Prix : 12 fr.

Étienne CHIRON, Éditeur, 40, Rue de Seine, Paris

L'Idéal Social

Charles Guizard

L'Idéal Social

Étienne CHIRON, Éditeur
40, Rue de Seine - Paris
1927

L'IDÉAL SOCIAL

La Société est mal faite

Il est indéniable que, depuis la grande guerre, il existe économiquement, dans le monde entier, un malaise général, qui s'accroît insensiblement de jour en jour.. L'analyse de toutes les difficultés mondiales est très complexes, parce que chaque peuple les apprécie d'une façon différente, et les supporte ou les subit suivant son état d'esprit, plus ou moins passif; mais sans contredit, la situation partout est terriblement difficile, même dans les nations qui paraissent heureuses, elles ne le sont que apparemment, leur tour de misère viendra en son temps on le verra certainement plus tard.

Tous les maux universels à quelque degré qu'ils soient, ont la même origine et proviennent, non du Capital proprement dit, mais du *Gros Capital*, du *Capitalogre* omnipotent qui, par son invulnérable puissance, canalise et draine toutes les richesses publiques dans un petit nombre de mains, au détriment de la masse, qu'il paralyse et détruit économiquement.

Bien longtemps avant cette maudite guerre, il y avait déjà chez nous des germes de mécontentement, qui prouvaient que le bonheur était loin d'être parfait, néanmoins la situation en général passait pour être bonne, ce bien-être, plus apparent que réel, était tolérable, mais cette funeste guerre a démantibulé *la machine sociale*, et chacun cherche en vain une existence acceptable. Il en résulte, que le mécontentement partiel d'autrefois est devenu général, des plaintes, des réclamations, des revendications de tous genres se font entendre de tous côtés, elles sont de plus en plus pressantes, et les réclamants, qui désespèrent, ont des tendance aux moyens violents.

Pour appuyer leurs revendications par l'effet du nombre, les mécontents, qui sont tout le monde, se sont groupés, à côté des syndicats corporatifs existants depuis longtemps, en syndicats professionnels et autres, en associations multiples, en ligues, en unions, en *confédérations* unifiées ou non, etc... Tous ces groupements, en l'espèce, sont des compagnies, des bataillons et des régiments pour la lutte sociale, pacifiquement d'abord... Cela appelle le chaos, comme une armée trop puissante appelle la guerre.

Où cela nous mènera ? A une révolution ? A une guerre fratricide ? A une Saint-Barthélemy sociale ?

La cause ? L'*or*, le *Capitalogre* (Nous désignerons par ce seul vocable expressif, le capital excessif et son détenteur).

On a chanté sur tous les tons, que la guerre appauvrit les nations, la France en sait quelque chose, hélas. Toutes les poches sont vidées. Où est passé tout son or, ce métal n'est ni volatil ni comestible ni à servi de mitraille, il a servi à acheter tout cela, c'est possible, mais il existe quelque part, dans quelles poches ? Malheureusement dans des poches étrangères.

Tout s'use dans la vie, tout dépérit, l'or ne s'use pas, au contraire, il profite sans cesse, il progresse par accumulation d'intérêts, il double en 14 ans par l'intérêt composé de 5 %, il prospère à jet continu, l'or attire l'or, sa puissance néfaste est énorme, il suscite la spéculation et l'accaparement, il provoque la manœuvre de tout ce qui a une valeur marchande et de bourse, les victimes sont quantités négligeables, il transforme l'honnête commerçant en affameur, il inspire le lucre de mauvais aloi ; le commerce obéit, dans celui-ci, il y a le gros commerce et le petit ; le gros commerce est composé généralement de Capitalogres, qui sont les profiteurs de toutes les circonstances, quelles qu'elles soient, les pêcheurs en eau trouble, ils sont de toutes les combinaisons ; le petit commerce, c'est les malheureux soldats qui reçoivent les coups, tributaires du gros commerce, ils en subissent le joug.

Les Capitalogres sont devenus des potentats anonymes, des puissances occultes auxquelles rien ne résiste, ni consciences ni vertus, leur influence se manifeste jusque dans la vie des peuples, ils s'intronisent partout, les gouvernements et les nations entières n'échappent pas à leurs combinaisons. Le Président Coolidge même, en fait mention dans un discours au banquet de la Chambre de Commerce de New-York le 19 novembre 1925, en s'élevant contre l'influence du monde des affaires sur le gouvernement, disant : « qu'elle (l'influence) ferme la porte à toutes les possibilités, devient égoïste et étroite de vue, et donne naissance à l'oligarchie ».

Il y a longtemps, bien longtemps, M. Flaissières dans un de ses discours alors qu'il n'était simplement que maire de Marseille, disait que la société était mal faite, dure et imposant les souffrances de la portion congrue à la grande masse du peuple pour n'accorder ses faveurs qu'à un petit nombre de fortunés. Le déplorable état de choses signalé à cette époque par M. Flaissières a considérablement empiré.

Il y a un peu plus d'un quart de siècle, sans aller à un demi-siècle, c'est donc contemporain, ce qui faisait la fortune et la prospérité de la France, était la grande division du capital global, lequel paraissait être réparti dans une quantité considérable de mains. Il n'y avait pas de grosses fortunes, mais tout le monde des affaires, commerçants, industriels et intermédiaires de tous genres, avaient un capital moyen, qui leur permettait de gagner leur vie aisément, et même de se retirer des affaires après fortune faite, c'était l'expression d'alors ; les employés de toutes catégories et les ouvriers de tous genres, dont quelques-uns s'établissaient patron avec un établi et un sac d'outils, gagnaient leur vie facilement. Le bas de laine se gonflait, c'était l'ère du bonheur social, et de la bonne vie de famille.

Les ouvriers, également, étaient répartis dans un nombre considérable d'ateliers et de chantiers, un petit patron employait souvent un ou deux ouvriers, traités par lui en véritable compagnon (peut-être est-ce là, l'origine du mot ?) Tout le monde était heureux.

On ne parlait pas de revendications, quelques rares grèves dans les grands ateliers ou grands chantiers, parce que : grandes entreprises; une grève était un évènement, mais le peuple n'étant ni lésé, ni administré militairement, n'avait pas des idées subversives.

Une funeste évolution se fit par l'ambition capitaliste.

Quelques grandes maisons d'alimentation, bazars et magasins à commerces multiples, dits de nouveautés, progressèrent rapidement, il se créa des établissements plus importants encore, à capital scandaleux, dans toutes les branches de commerce et d'industrie, avec une quantité de succursales dans la même ville, et dans plusieurs départements. Les ateliers et chantiers suivirent le mouvement, et devinrent prodigieux.

Tous ces grands établissements prospèrent au détriment de l'énorme quantité de commerçants, moyens et petits, d'industriels de toute importance, et des intermédiaires de tous genres, qui disparaissent les uns après les autres, par la faillite lamentable, laquelle par surcroît, leur fait perdre l'honneur. Ces malchanceux, qui ont travaillé, qui ont lutté et qui ont perdu leur avoir, ont de plus perdu leur droits civils, ils ne peuvent ni voter ni être témoins. Et tous ceux qui tentent la chance de s'établir suivront le même chemin ; la colonne des faillites s'allonge chaque jour, et chaque jour voit augmenter le nombre des gens qui cessent d'être citoyen.

Alors ces rejetés d'une société mal faite s'expatrient, vont ailleurs, se refaire une virginité sociale, et contribuent à la fortune des pays étrangers, qu'ils adoptent comme nouvelle patrie, en conservant un mauvais souvenir de celle qui les a vu naître, et qui leur a été si cruelle.

Mauvaise lois ! Pauvre France !

En Amérique, rien de semblable, un failli fait ce qu'on appelle « une cession de biens », les créanciers se les partagent légalement, et donnent quitus. Le malheureux recommence son commerce, et cela paraît étrange, il trouve davantage de crédit qu'avant sa catastrophe ; on considère qu'il a une plus grande expérience, et jamais il ne cesse de faire usage de son bulletin de vote. Un failli es quand même un homme de bon sens.

Il résulte que le gros commerce ,autrement dit, le Capitalogre par son énorme puissance d'achat, qui lui procure des rabais très élevés, et par l'attraction ingénieusement combinée de ses établissements colossaux, accapare toutes les clientèles, et naturellement tous les profits, sur les ruines du commerce normal, abattu légalement, avec le fallacieux prétexte de la « liberté du commerce ». Dans cette constante et inégale lutte commerciale, le Capitalogre sort inévitablement vainqueur, les innombrables victimes ne se relèvent pas.

L'ensemble des profits mercantiles du commerce en général, peut être imagé par une immense galette, à la disposition du commerce et de ceux qui en vivent. Avec la « liberté du commerce », ou pour mieux dire, avec le commerce en liberté, la galette est dévorée, engloutie, par les plus voraces, par les ogres, sans laisser des miettes pour les autres qui ont faim ; c'est selon le bon *La Fontaine*, par la raison du plus fort.

Il y a peu de temps encore, le petit commerce trouvait un léger dédommagement, en profitant de la vente du dimanche et des jours fériés ; mais d'où vient cette rage administrative de fermeture dominicale, imposée par les autorités, et ce, au mépris des « droits de l'homme » dans notre République, que l'on dit libre et démocratique ?

C'est inconcevable. A qui profitent ces mesures réactionnaires, d'apparences trompeuses ? Au Capitalogre, qui sait défendre ses intérêts et les faire défendre aussi, par tous les moyens, et à qui les courageux petits commerçants n'enlèveront plus quelques miettes ; et sous le couvert des lois démocratiques, il organise ses batteries pour anéantir la démocratie, en se servant des perfides apparences humanitaires.

Le Capitalogre limite la prospérité aux producteurs et aux fabricants par des prix de misère, lesquels sont obligés de passer sous ses fourches caudines, étant le principal acheteur.

On peut dire que le nivellement social que nos aïeux, les Conventionnels, avaient établi sur les principes d'égalité s'est transmis de génération en génération sans grande modification jusque dans les environs de 1875 ; c'est approximativement à cette époque que l'évolution capitaliste s'est manifestée d'une façon apparente. Peu à peu, depuis cette époque, notre société française s'est transformée, pour apparaître, de nos jours, presque semblable à celle anglaise, qui a, de tous temps, été caractérisée par les deux éléments opposés, les riches : les lords, et les pauvres : le peuple. Ce qui constituait notre supriorité, c'était précisément, que nous avions, en plus, un élément de milieu, une classe médiane très importante, voyageurs en seconde classe, sous-offs de la vie civile, notre petite bourgeoisie enfin, qui maintenait d'aplomb le fléau de la balance sociale ; cette classe médiane, hélas ! est appelée à disparaître, absorbée par le Capitalogre, qui la réduit à... à quoi ? On peut juger des conséquences politiques futures d'une telle situation, qui ne peut que s'aggraver.

Les grands magasins et les grands établissements absorbants qui, sournoisement, éliminent du domaine commercial les gens qui les gênent ou qui leur portent ombrage, font la sape du régime démocratique, ils appauvrissent chaque jour la masse, le grand facteur de la société, en ayant l'air de lui rendre service, de lui vendre à bon marché ! ! ! mais ils ne disent pas que pour ces résultats apparents, discutables toutefois, leurs moyens d'action sont basés sur des coupes sombres permanentes, et sur l'exploitation de la misère dans les sphères inférieures, misère qu'ils ont intérêt à maintenir et même à propager.

Donc, le Capitalogre par son ambition invétérée est devenu le grand désorganisateur des sociétés, il constitue une espèce d'engeance capitaliste comparable sur bien des points à l'ancienne noblesse, laquelle engeance devient dangereuse pour le monde entier. C'est le recommencement des temps anciens de domination, sous une autre forme, l'exploitation autoritaire de l'homme par l'homme. La formule tacite « marche ou crève » explique la façon d'agir de nos ploutocrates modernes.

Ils forment le clan des jouisseurs de la vie, dont le luxe insolent est une humiliation à la classe laborieuse, et aux souffreteux plus ou moins avoués, qui sont la majeure partie des fils de la Nation, auxquels il est fait une existence des plus précaires. Qu'ils prennent garde, ces ostentateurs, la haine est proche parente de l'envie, et quand il s'agit d'un peuple, cela devient grave.

Il faut l'avouer, il faut avoir le courage de le dire, la « liberté du commerce » fut une grande erreur sociale, l'organisation capitaliste qui en est ressortie a produit des perturbations sociales, certainement imprévues.

C'est la base du malaise général que d'aucun imputent simplement aux conséquences de la guerre, aux charges immenses qui correspondent à notre pauvre France du fait des agissements de nos amis et alliés. C'est l'effet et non la cause, il la faut chercher dans la volonté du Capitalogre de ces nations, qui profite, avec joie, de notre situation désastreuse, comme les prêteurs sur gages ou sur hypothèques profitent du malheur. Le Capitalogre étranger agit et fait agir les finances et les gouvernements, au nom des intérêts de leur nation, au nom sacré de leur peuple, c'est la triste politique internationale qui divise.

Toute l'Amérique est fière de la puissance du dieu-dollar ; elle s'enorgueillit de voir la vieille Europe s'incliner devant sa royauté en implorant des crédits que l'Amérique est seule en mesure d'accorder. Il est évident que le peuple américain, comme le nôtre, n'a rien de commun avec le Capitalogre, mais par son nationalisme outrancier, il épouse volontiers la manière de voir et de penser des *nageurs dans l'or* ; la presse d'ailleurs, dont l'américanisme est poussé jusqu'à ses dernières limites, est savamment organisée pour exalter leur puissance, et par suite, l'imagination du peuple, lequel est persuadé que, seule et dans le monde, l'Amérique est intéressante.

Les gouvernements américains, sans en avoir l'air, passent par dessous la jambe n'importe quelle nation, leur dédain pour la Société des Nations a été exposé sans ménagement dans toute la presse américaine, et l'Américain de la rue, même, soutiendra mordicus que ce serait une dérision de voir l'Amérique, cette supernation, discuter avec des petites nations quelconques, et se résoudre à leurs décisions ; ceci dénote la mentalité des Américains que rien ne fera modifier.

Ainsi est l'humanité. La trop riche Amérique n'est pas sociable, elle a le parti pris de l'enfant gaté, qui n'admet aucun raisonnement, le sien seul prévaut, elle forme une caste à part, elle n'admet pas que ses nationaux s'égarent dans d'autres chemins que dans ceux, dont le but peut lui être profitable, ou susceptible d'ajouter à sa puissance positive, c'est pourquoi on l'a vue protester contre le geste héroïque des admirables aviateurs américains, qui avaient pris du service dans nos rangs, pour la guerre au Maroc, et qu'on a vu également, avec plus de surprise encore, l'intérêt qu'elle attachait à cette malheureuse affaire d'un déserteur américain de notre légion étrangère en Syrie.

Le Capitalogre, voilà l'ennemi des peuples et de l'humanité.

Si le Capitalogre étranger, devant lequel nous sommes impuissants, domine notre situation, et la rend pénible, il est à noter que le Capitalogre de chez nous, lui faisant chorus, la rend plus pénible encore, parce que, comme ses coréligionnaires étrangers, il ne perd jamais ses droits, et sa puissance les fait valoir ; le tant pour cent doit toujours se produire, et ce tant pour cent à ajouter à un chiffre déjà élevé, le rend plus terriblement élevé ; c'est ce qui arrive pour tous les produits de première nécessité qui sont entre les mains du Capitalogre, dont il fixe les prix en raison du change : et si l'on ne perd pas de vue, que tous les impôts, qu'ils soient indirects, directs, sur le revenu, et même seraient-ils sur le capital, sont, par répercussion, remboursés en détail par populo, chose que nos intelligents parlementaires n'ignorent pas, mais s'ils protestent et bataillent, c'est pour la forme, c'est pour la galerie, pour faire voir à leurs électeurs « qu'ils sont un peu là » ; donc ces impôts énormes à ajouter aux prix excessifs que le change indique, forment une somme vraiment imposante, et c'est sur cette somme d'ensemble que le fameux tantier du Capitalogre se pratique, lequel ajouté, arrive à établir des prix extravagants qui provoquent le désordre social par la vie outrageusement chère et insupportable dont *tous le monde* est victime.

D'ailleurs le Comité des Experts, dans son rapport, fait allusion à la répercussion des impôts de toutes catégories, en disant : « Le comité, « d'ailleurs, ne pense pas qu'un système de lourds « impôts directs, frappant la production et le tra- « vail, épargne, comme on est parfois porté à le « croire, la masse des travailleurs. Les charges « fiscales qui, sous forme de contributions di- « rectes, pèsent sur la terre et sur l'activité in- « dustrielle et commerciale, s'incorporent fina- « lement dans les prix, et souvent dans une pro- « portion supérieure à leur montant réel ».

D'autre part, on lit dans l'*Illustration* (économique et financière) :

« Les prix de gros se présentent fin juillet « (1926) à près de 850, ce qui correspondrait à « plus de 200 francs pour la livre-or ». On voit par cela que les grossistes surveillent la cote de la livre pour mettre les prix des marchandises françaises à son niveau. L'opération est toujours fructueuse pour le Capitalogre grossiste.

Le Capitalogre paie ce qu'on veut lui faire payer, en rechignant pour la forme, sachant pertinemment que ses débours sont, toujours et malgré tout, à titre de prêt ou de warrant, à titre d'avance sur marchandises ; la « liberté du commerce » n'est-elle pas là ? On croit l'atteindre personnellement, il n'en est rien, au contraire, il gagne davantage dans la combinaison. Il rie des législateurs et se gaudit de ses antagonistes.

La « liberté d'association » fut une conquête ouvrière syndicaliste, dans un but politique, et, comme on ne pouvait en faire un monopole au profit d'un groupement quelconque, tous les individus de classes et de genres différents en profitèrent pour se former en syndicats ou en unions, à l'effet de défendre leurs intérêt spéciaux ; jugez d'ici si les commerçants et surtout les grossistes capitalogres, unis déjà en les Chambres de Commerce, ont vu se former ce nouveau train d'évolution sociale sans s'y réserver des places, et des places avantageuses, près du mécanicien, pour le substituer au moment opportun.

Toutes les choses qui ont un mouvement, une fonction animée se rapportent à la mécanique, et celle-ci, pour imprimer le mouvement générateur, l'énergie motrice, nécessite deux points extrêmes, opposés l'un à l'autre, comme base d'incidence, avec le concours de bielles, de pistons ou d'autres intermédiaires ; nous reconnaissons, en cela, quelqu'analogie avec le fonctionnement de la machine économique sociale ; dans laquelle les points extrêmes sont représentés par les éléments opposés l'un à l'autre, qui perçoivent naturellement les choses d'une façon différente : le patron et l'ouvrier, celui qui paie et celui qui reçoit, celui qui vend et celui qui achète ; l'un a tendance à croire qu'il donne trop, et l'autre, contrairement, qu'il ne reçoit pas assez. Les deux éléments ne peuvent jamais se rencontrer dans l'idée de satisfaction, et ne sont jamais foncièrement d'accord ; c'est un effet des travers de l'humanité.

Donc, pour se prémunir contre les actions défavorables, toute le monde a cru devoir se réunir ou se grouper légalement ; les groupes étant de natures opposées, les motifs furent forcément différents. Dans le cas qui nous occupe, nous voyons commerçants syndiqués d'un côté, et consommateurs de l'autre, syndiqués également en de nombreuses formations, et ces derniers cherchent à faire intervenir le gouvernement. Le groupe des Capitalogres pense ceci : Vous autres, consommateurs, qui êtes le peuple, vous croyez nous faire marcher, parce que vous êtes le nombre ; nous aussi nous sommes syndiqués, nous verrons lequel des deux fera marcher l'autre, la « liberté d'association » appuyée par la « liberté du commerce » nous confère le droit de nous concerter : 1° pour supprimer par notre propre volonté, ce qu'on est convenu d'appeler « la loi de l'offre et de la demande » par laquelle nos membres, autrefois, se faisaient concurrence entre eux, par des rabais imbéciles, maintenant n-i ni, c'est fini, le beau temps des clients est mort, archi-mort. Et 2° pour fixer les prix rémunérateurs des marchandises, et par un nouveau serment d'un jeu de paume quelconque, nous engager à n'en pas démordre, alors nous arriverons à imposer le prix du grain de blé à 5 sous, celui du petit pois à 10 sous, celui du haricot à 15 sous, celui de la pomme de terre à 40 sous et celui du lait au prix du Champagne.

Et maintenant, peuple, mon ami, nous t'avisons charitablement que si tu demandes une augmentation de salaire par des moyens à ta portée, et que tu nous obliges à payer nos employés plus chers, eh bien, qu'à cela ne tienne, nous doublerons nos prix. Nous verrons « qui mangera le lard ».

On se rend compte maintenant où nous ont mené toutes ces « libertés » du commerce, d'association et autres. Aujourd'hui, par leur abus, on est arrivé à un désordre social très compliqué et à une situation d'ensemble plus mauvaise que quand nous ignorions ces prétendues « libertés ».

L'organisation scientifique capitaliste, produisant l'effet d'un fléau social inévitable, a par contre-partie fait naître et croître diverses sociétés coopératives de consommation et d'entreprises diverses, ouvrières ou non. Autre erreur sociale qui est venue s'ajouter à l'erreur capitale (sans jeu de mots) de la « liberté du commerce », parce que la raison d'être et le but déclaré et réel de ces sociétés est de supprimer tous les intermédiaires, et le commerce lui-même, si c'était possible, pour faire obtenir aux coopérants les marchandises strictement au prix de coût, sans aucun bénéfice. Toutes ces suppressions enlèvent le gagne-pain à une foule de citoyens qui ont, eux aussi, droit à l'existence.

On constate alors que, du point de vue social, le coopératisme a les mêmes inconvénients que le capitalisme, peut-être en raison du théorème que les extrêmes se touchent ; et ce qui est bizarre, c'est que tous les gouvernements ont favorisé les coopératives en les exonérant des impôts et autres charges.

Des quantités de gens intelligents et travailleurs à aspirations régulières, comme doit en avoir tout être humain qui se sent des capacités, des jeunes gens instruits sortant des écoles et du régiment, animés des meilleures intentions, cherchent à se frayer un chemin dans le labyrinthe social, pour échapper à l'asservissement du demi-servage à formes de subordonnés ou de salariés, rien n'est possible, tous les chemins et sentiers sont barrés.

Et l'on s'étonne de la recrudescence du banditisme ! Les vols et les crimes suivent une progression ascendante continue. Les malfaiteurs en général, les cambrioleurs et les perceurs de coffres-forts ne sont pas dénués d'intelligence, ils sont assurément des dévoyés par la force des choses, et nul doute que dans une société bien organisée, toutes ces intelligences seraient certainement employées à un autre usage.

Comme autres conséquences, les suicides des découragés deviennent de plus en plus nombreux. C'est démoralisant.

Cette horrible guerre nous a laissé un gâchis économique épouvantable, d'où a surgi et s'est développé l'esprit de lucre éhonté qui s'est manifesté par des prix exhorbitants. C'est encore un bienfait de la « liberté de commerce ». Si, durant la guerre, une grande partie de l'alimentation était fournie par l'étranger à des prix de circonstances, appuyés par le dollar, nos commerçants, profitant de cette indication, élevèrent au même niveau ceux de nos produits nationaux, d'où le point de départ et la progression de la vie chère, que l'on impute à tort au change ou inhérente à celui-ci, et par conséquent à la valeur du franc dont on s'est complu à en diminuer progressivement la valeur pour en tirer parti par des augmentations de prix successifs. Il est admissible que les produits étrangers ou ceux faits en

France avec des matières premières étrangères qui, devant être payées en or, subissent la plus-value correspondante, mais il est difficile de comprendre pourquoi les produits nationaux et ceux du sol français soient assujettis à des prix fantastiques. Les légumes, les produits maraîchers, l'herbe qui nourrit les vaches n'ont rien à voir avec les paiements en or, ni avec les droits de douane, il en est de même pour les produits de la pêche, les divers impôts, quoique lourds, ne justifient pas ces exigences mercantiles.

L'accaparement des grains et autres produits comestibles est poussé à l'extrême par un groupe de Capitalogres dont les attributions sociales n'ont rien de commun avec le commerce de l'alimentation ; le marché est « libre »; ces opérations sont purement spéculatives et ont lieu quand la récolte est déficitaire, ce qui se produit tous les ans depuis la guerre, les accapareurs opèrent isolément par entente tacite, et naturellement d'accord avec les syndicats qui en profitent également. Le jeu normal de « l'offre et de la demande » est inopérant, toutes les ficelles de cette comédie de fantoches sont tenues par les mêmes mains, et « populo » en fait toujours les frais. Et le fermier qui a tant peiné pour produire voit réaliser des bénéfices énormes avec ses grains qu'on lui a payés à un prix inférieur. Ce n'est pas juste.

Les prix obtenus par l'agiotage servent également d'indication pour ceux de la récolte future, il y aura certainement à ce moment un fléchissement voulu pour pouvoir, ensuite, recommencer la fructueuse opération. Et cela est sans fin.

Il y avait des lois sur l'accaparement, surtout une de 1916, réprimant la spéculation illicite, les

Capitalogres ont trouvé le moyen de la faire abroger. M. Barthou, garde des sceaux, le 11 août 1926, répondant à ce sujet, à une question de M. Klotz au Sénat, disait que tous les parquets étaient unanimes à déclarer que son abrogation était regrettable, et qu'il s'engageait à la reprendre; mais, actuellement, il ne disposait que de l'article 419 du code pénal, lequel était entouré de telles conditions qu'il est en pratique inapplicable.

Voyez, bonnes âmes, l'influence occulte des Capitalogres ! Les accapareurs sont malins, et... le peuple est toujours pressuré. C. Q. F. D.

Les difficultés économiques actuelles dans notre société en déliquescence sont, et seront absolument insurmontables, tant qu'existera le Capitalogre avec ses prérogatives; toutes les mesures que l'on prendra ne seront que palliatives, partielles et à effet momentané.

Ce n'est pas par la lutte de classes, que prônent malheureusement des individus à courte vue, que l'on transformera la société, les reproches mérités, les griefs qu'on formule à l'adresse d'une catégorie de capitalistes s'appliqueront ensuite à la catégorie contraire, qui prendra sa place et qui suivra les mêmes errements. C'est fatal. On ne transforme pas l'humanité, il faut la prendre et la considérer pour ce qu'elle est, avec ses qualités, elle en a de bien belles, de magnifiques, même de sublimes, mais aussi, elle a de bien grands défauts. Et les discours tendanciels ou accusatoires, malgré leur bien-fondé, ne modifieront rien, sinon à susciter la haine, c'est-à-dire ajouter à ses innombrables défauts. Dans un ordre d'idées parallèles, du point de vue « désordre social », il est incompréhensible, il est inimaginable, que, en plein parlement français, qui doit être, en même temps, le cerveau et le cœur de la France, une poignée de députés extrémistes fassent œuvre anti-française, cette réclame tapageuse est pour influencer les cerveaux faibles et les hésitants, et produit d'autant qu'elle est consacrée à la tribune par la « liberté d'opinion ». C'est encore un effet de l'abus d'un autre genre de « liberté ».

Qu'est-ce donc la « liberté » en définitive ? Ne serait-ce pas un manteau idéal couvrant toutes les vilénies sociales, dont le nom claironnant ne sert qu'à berner le peuple ?

La France est lasse de la situation qui lui est faite, et le peuple à déjà donné des marques de son impatience. Pour prévenir un nouveau 1789, qui n'est peut-être pas éloigné, pour éviter un nouveau cataclysme révolutionnaire démagogique, dont la bourgeoisie est, d'ores et déjà, le bouc émissaire, il faut transformer de fond en comble, le plus promptement possible, notre système social et économique boiteux, trop vieux et redevenu réactionnaire.

Le peuple souverain, dont l'intelligence est aujourd'hui développée, ne veut plus que sa souveraineté n'existe seulement que les jours d'élections, il veut que les maîtres qu'il s'est donnés pensent constamment à ses griefs, à ses revendications et qu'ils travaillent d'arrache-pied à une organisation sociale définitive, devant répartir la somme de bien-être par le travail équilibré, dans les limites de la raison.

Il y a maintenant un esprit nouveau, des aspirations nouvelles, il faut à cela un monde nouveau qui ne s'obtiendra que quand toutes les classes de la société adopteront l'idée généreuse des concessions mutuelles, les unes en faisant le sacrifice du superflu de la fortune, qui n'ajoute rien à leur bien-être, et qui fait obstacle aux efforts des autres citoyens, d'autres en abandonnant les profits du cumul sous toutes ses formes, et enfin les artisans et les groupements, en renonçant aux grèves, lesquelles sont condamnables au même titre que les guerres, les effets dans les deux cas, étant hors nature, en atteignant et en faisant victimes des personnes étrangères aux partis en conflit.

La Capitalogre, par la puissance qui lui est propre, devient naturellement autoritaire, despote et absorbant, faisant sciemment d'innombrables victimes anonymes, honteuses et qui disparaissent; le Capitalogre est un destructeur social.

Le capital tout court, qu'il ne faut pas confondre avec le précité, constituant l'avoir normal de l'individu, l'outil indispensable de l'homme de négoce, est la base de notre civilisation, il est le stimulant de notre énergie, il suscite le goût, développe l'intelligence, inspire le progrès; le petit capital est un bienfaiteur social.

Donc, il importe de ne pas supprimer le capital, mais de le limiter, pour lui enlever l'excédent de puissance qui le rend nuisible pour la société.

La « liberté du commerce » démontre chaque jour davantage que son effet est nul pour les humbles, et bienveillant pour les puissants, elle est capricieuse, elle doit être abandonnée et remplacée par une règlementation équitable.

« Les choses de ce monde se réduisent presque toutes en une question de méthode... », a dit La Bruyère, cette nouvelle organisation sociale constituera une nouvelle civilisation méthodique en des lois foncièrement démocratiques.

L'abus n'est pas le moindre des péchés mignons de la pauvre humanité, et c'est pour en combattre les conséquences toujours préjudiciables à autrui, qu'on est arrivé à réglementer toutes les choses dans lesquelles cette fâcheuse tendance se manifeste, la chasse, la pêche, le jeu, la fermeture des établissements publics, la circulation des automobiles, et bien d'autres choses dont la liste serait fastidieuse. Tout a été réglementé pour des raisons diverses, en éliminant, en méconnaissant ou en portant atteinte à ce que l'on pourrait appeler la « liberté individuelle », « le droit naturel des gens », « la volonté de chacun », donc, on aurait mauvaise grâce à ne pas admettre les réglementations du capital, du commerce, de l'industrie et de tous les négoces et surtout du Gros Capital qui constitue les formidables et abusifs moyens d'action d'une infime minorité, au préjudice de la grande masse; et en outre, ce serait de l'inconséquence d'invoquer les principes de « liberté », que l'on sacrifie tant bénévolement en d'autres cas.

Une manifestation catholique a eu lieu à Yvetot, la « liberté de l'enseignement » y fut réclamée. Naturellement, il s'agit d'un groupe intéressé qui revendique une « liberté » qu'on a dû restreindre. C'est une démonstration de plus que toutes les « libertés » ne sont pas intangibles.

Nous nous apercevons que ,écrivant une autre fois « liberté » avec un « l » minuscule, cette qualité de minuscule doit être la caractéristique de cette multitude de « libertés » insignifiantes, qu'on emploie à toutes les sauces pour épicer les discours en raison de leur consonance avec la grande, la majeure, la belle qui est écrite en lettres majuscules sur notre drapeau.

La réforme complète de notre société branlante, dans le sens démocratique, doit commencer par celle du système directeur, c'est-à-dire de notre Constitution caduque, qui ne cadre plus avec les les nécessités actuelles du peuple français.

Il est avéré que la Constitution de 1875 qui nous régit, ayant été élaborée avec un esprit étroit inspiré par la méfiance, les droits et les devoirs des autorités dirigeantes ont été mal définis. Le chef de la Nation n'a pas de pouvoirs, il est politiquement une nullité, et les gouvernements ne peuvent gouverner avec esprit de suite, étant exposés à être renversés par le moindre souffle parlementaire. Les parlements institués pour conseiller et faciliter la machine gouvernementale dans l'intérêt de la Nation, sont devenus des organismes à effet contraire pour empêcher la machine de fonctionner. Abus, abus, toujours abus, alors les parlements irresponsables paralysent les gouvernements responsables; ceux-ci, par conséquent éphémères, sont impuissants et quasi ridicules, et à l'Etranger la France passe pour être une girouette. Le système parlementaire actuel est tout simplement stupide.

Il faut un changement complet, nous ne disons pas « radical », ce mot, politiquement, n'a plus de sens.

La Constitution, telle qu'elle est, avait sa raison d'être à l'époque de sa création, aujourd'hui que la République, bien assise, dont les principes ancrés profondément dans le tempérament français, a donné, non seulement des preuves de sa virilité en surmontant toutes les énormes difficultés intérieures et extérieures depuis sa fondation, mais a démontré à l'Univers sa volonté et sa puissance dans des moments les plus tragiques de son histoire, maintenant, on doit lui faire confiance en lui enlevant ses entraves. Un 2 décembre quel qu'il soit n'est plus à craindre. Le peuple conscient de son droit, s'est bien pénétré de la formule de Blanqui, il l'a dans le sang, et jamais il n'acceptera l'asservissement sous aucune forme.

Il faut aujourd'hui à la France une République absolument démocratique, et non une République frelatée, étiquetée « démocratie » comme celle dans laquelle nous pataugeons, qui ignore le sublime sentiment de fraternité qui inspire l'amicale et mutuelle satisfaction en sa matérialité.

La démocratisation de la société est dans l'air, c'est la forme de l'avenir, d'ailleurs le principe en est appliqué depuis longtemps dans le domaine foncier par le lotissement des grandes propriétés, et ce principe doit avoir son application dans tous les domaines.

Les assises de la vraie société démocratique seront constituées par les 14 points suivants :

1. Election du Président de la République par le peuple.
2. Gouvernements stabilisés et réduction du nombre de Ministères.
3. Erection du Conseil d'Etat et de la Cour des Comptes en Institutions suprêmes.
4. Réforme des Assemblées Législatives, Départementales et Communales.
5. Réforme de l'unité monétaire trop faible.
6. Réorganisation de la Caisse Nationale des Dépôts et Consignations.

7. Limitation de la fortune personnelle et du capital.
8. Spécialisation des commerces, des industries et de tous négoces.
9. Suppression des monopoles et des entreprises de l'Etat.
10. Organisation de l'agriculture.
11. Retraite obligatoire pour tous, par la limite d'âge.
12. Suppression de toutes les rentes de retraite de l'Etat, étant toutes abusives, et leur remplacement par une démocratique allocation de subsistance, laquelle sera étendue uniformément à tous les citoyens à la limite d'âge.
13. Abolition des grèves et arbitrage obligatoire des conflits.
14. Révision du code de justice trop compliqué et trop bénin, et de tous les codes suivant la nouvelle base sociale.

Nous allons passer en revue et séparément ces points fondamentaux, et en donner les raisons principales que nous ferons succinctement pour ne pas allonger inutilement notre exposé, que chacun pourra compléter, commenter et développer facilement.

1. — *Election du Président de la République par le Peuple*

Le Président de la République est le Chef Suprême de la Nation. Comme chef, il doit avoir la direction générale de l'unique politique française. Il en est ainsi aux Etats-Unis, et dans ce pays à forme démocratique, comme on le comprend jusqu'à présent, tout marche admirablement et sans à-coups.

L'élection du Président de la République par les législateurs réunis en congrès n'est plus logique, le peuple compte pour quelque chose aujourd'hui. Cette élection au deuxième degré n'est jamais d'essence pure, elle imprime une idée de combinaison et de caprice politique. Celui qui a eu l'honneur d'être élevé sur le pavois a certainement de la reconnaissance pour ceux qui l'ont élu, c'est humain. Quand, par suite d'influences de partis politiques qui s'équilibrent, aucun gouvernement ne peut se maintenir au pouvoir, la dissolution du parlement s'impose, pour permettre au peuple de se prononcer par une majorité nouvelle. Cette mesure extrême est pénible à prendre par un Président élu par les Chambres; c'est presque un cas de conscience.

Par contre, les Chambres savent bien faire sentir au Président de la République la fragilité de sa situation, les rôles sont intervertis, il dépend d'elles, on l'a tristement vu; un Président de la République Française qui avait reçu des témoignages de sympathie et des marques d'amitié de tous les Chefs d'Etat et des Monarques du Monde, obligé de démissionner comme un homme qui a démérité, et ce, par les agissements d'une salade de partis politiques qui n'ont aucune affinité entre eux; cela, à l'Etranger, a produit un effet déplorable, comme une espèce d'affront à toutes ces sommités mondiales et a porté atteinte à notre réputation, à notre dignité. Il faut être à l'Etranger et entendre parler le peuple de la rue avec son bon sens pour s'en rendre compte.

Il est nécessaire que le Président de la République représente exactement la Nation Française, qu'il soit élu par le peuple, comme le sont les Présidents des Etats-Unis, d'Allemagne, et de toutes les nations d'Amérique. L'élection populaire lui donnera puissance et majesté.

En raison de l'indifférence que montre une partie de citoyens aux élections, abstention qui prend parfois des proportions trop grandes, il est urgent de rendre, pour toutes les élections, sans exception, le vote obligatoire et personnel, sous peine de sanction sévère.

Personne n'a le droit de se départir de ses devoirs de citoyen.

Il est étonnant que personne, jusqu'à ce jour, n'ait compris que ce devoir civique est aussi, et peut-être plus important que celui du service militaire obligatoire; si celui-ci est institué pour défendre le pays territorialement, celui-là a la même importance pour défendre le régime républicain.

On comprend peu cette indifférence du Capitalogre en cette matière, quand on sait qu'il a su imposer à tous les gouvernements le devoir militaire pour défendre le sol, lequel en réalité, est sa propriété, mais, pour ce qui touche à la protection du régime, cela lui importe peu; peut-être parmi les Capitalogres influents, y en a-t-il qui ne seraient pas mécontents de voir renaître un des anciens régimes, qui pourrait, à l'occasion, les distinguer par des appellations chatouilleuses, chose que Mariane ne peut faire.

En conséquence, il est utile, il est indispensable de rappeler aux électeurs, et de propager par les autorités administratives, cette résolution, que le désintéresesment des électeurs est une grande faute, qui peut modifier le résultat des élections, en faussant le système électoral. Pour connaître véritablement les volontés du peuple, il faut l'intégralité des votes, la majorité qui en résulte, est indiscutable. Donc l'abstention est une faute sociale, qui doit être considérée comme un délit.

Les élections sont des choses sérieuses, que tous les citoyens doivent considérer comme un devoir civique. On a constaté dans certaines élections de 40 à 45 % d'abstentions, c'est une négligence coupable, pui peut avoir des conséquences terribles pour le régime, car si les citoyens de la République (peuple roi) ne font pas usage des seuls droits politiques qui leur sont acquis par leur bulletin de vote, pour nommer le personnage de leur choix, ils laissent inévitablement empiéter les partis anarchiques, toujours sur la brèche, ils livrent la France aux partisans du désordre, et se livrent eux-mêmes.

Alors, s'il n'y avait pas moyen de réagir contre cette torpeur néfaste, entre deux maux, mieux vaudrait choisir le moindre, ce serait de s'abandonner purement et simplement et de s'en remettre au régime monarchique, dont le Monarque comme ses ancêtres, considérant la France comme étant sa propriété personnelle, veillerait avec soin à ses sujets, à son peuple, à son armée et à la dignité de sa maison : la France.

*
* *

2. — *Gouvernements stabilisés et réduction du nombre des Ministères*

La question des gouvernements stabilisés est facile à résoudre.

Les gouvernements, par le seul fait qu'ils sont issus et tributaires des parlementaires, sont affligés, en naissant, d'un mal organique qui limite leur existence. Bien que, apparemment, les gouvernements soient sagement dosés en partis politiques, ils ne peuvent donner satisfaction à l'ensemble du parlement, ils s'aperçoivent bien vite, qu'il faut compter avec la nature humaine; les oubliés déçus ne tardent pas à faire montre de leur ressentiment par leurs votes qui vont enfler ceux de l'opposition inconciliable, laquelle, entre parenthèse, augmente à chacune des élections, en raison des souffrances croissantes du peuple, dans notre société mal faite. De là, déplacement de la majorité pour des raisons futiles, et, instabilité ministérielle avec ses innombrables inconvénients.

L'impatience rend également intolérants tous les ministrables, et ils sont nombreux, ils se font intransigeants, l'infernale politique du « ôte-toi-de-là » devient de plus en plus pressante; et les partis politiques organisés militairement en alliances pour la stratégie de combat parlementaire rend les sièges ministériels à bascule. Cela n'est plus du parlementarisme, c'est de la joute oratoire et argumentaire.

Le « Matin » du 27 juin 1926 nous fait part à ce sujet d'un extrait d'article de M. POINCARE paru dans un journal espagnol « La Vanguardia » qui vient confirmer nos appréciations; nous en détachons les passages suivants «... A chaque « crise, le nombre des candidats ministres croit « à la Chambre des Députés dans des propor- « tions jusqu'ici inconnues. Il y eut un temps, « pas très éloigné cependant, où les récents arri- « vés au parlement regardaient avec effroi la « tribune pendant beaucoup d'années avant de « s'y aventurer. Aujourd'hui, ils s'y précipitent « dès leur arrivée au Palais-Bourbon ; ils pro-

« noncent un discours quelconque et se croient « presque immédiatement ministrables. Tant « qu'un ministère vit, ils conspirent contre lui ; « dès le moment où il tombe, ils estiment qu'on « leur doit un portefeuille dans celui qui va se « former. Comme ils sont 70 ou 80 qui raison- « nent de la même manière et qu'il n'y a pas « suffisamment de portefeuilles dans un cabinet « pour donner satisfaction à tant d'appétits, ils « ne favorisent naturellement aucun projet mi- « nistériel, s'ils ne se croient pas sûrs d'obtenir « un emploi fût-ce au pis aller, un sous-secréta- « riat d'Etat ou le gouvernement de quelque « colonie.

« Ces appétits et ces machinations ont été tou- « jours le rachat des libertés parlementaires. « Mais depuis quelque temps, ils ont pris une « extension qui n'est pas sans attrister les té- « moins qui survivent des anciennes coutumes « politiques. Qu'auraient dit les Jules FERRY, « les WALDECK-ROUSSEAU, les FREYCINET, « les Léon BOURGEOIS, les RIBOT, s'ils avaient « assisté à des spectacles semblables ?... »

Alors, les interpellations pleuvent drues comme grêle, à tout propos et à propos de rien, les gouvernement tombent les uns après les autres, aucun travail se fait, aucun gouvernement n'est même capable de faire voter les budgets en temps normal, et les lois importantes, même vitales attendent toujours, à plus forte raison les grandes réformes, c'est le piétinement perpétuel du régime parlementaire, avili par la confusion dans les pouvoirs publics. C'est du gâchis, c'est du chaos, c'est la désolation ! Et c'est chronique.

Le bon WALLON en nous donnant sa Constitution à rouages mécaniques n'avait pas prévu une si grande division parmi les représentants du peuple, il ne pouvait prévoir qu'il y aurait un jour une si formidable avalanche d'ambitions perturbatrices, il n'avait pas prévu davantage qu'il naîtrait des partis d'opposition irréductible se délectant dans le désordre, il ne voyait à cette époque qu'un seul et unique parti républicain, dont les plus avancés étaient les « progressistes » genre GAMBETTA et CLEMENCEAU, lequel parti républicain avait à tenir tête aux royalistes et aux bonapartistes qui constituaient la droite réactionnaire. Aujourd'hui, sa machine ne fonctionne plus, elle est impuissante, il faut trouver autre chose.

Le remède est dans l'ordre et dans la méthode.

En partant du principe que les législateurs sont pour faire des lois et les gouvernements pour les appliquer, on délimite les rôles.

Nous parlerons plus loin de la formation des gouvernements.

Les Chambres, avec leur organisation de commissions spéciales, sont outillées pour élaborer les lois nécessaires ou modifier celles existantes, en s'inspirant de l'avis ou des directives des gouvernements. Le principe étant établi, les projets de lois sont présentés aux Chambres par les commissions, les Ministres sont présents à la discussion des dits projets de lois qui concernent leur département, mais à titre d'observateur, sans prendre part à la discussion, ils ne peuvent et ne doivent jamais être en cause, et, moins encore, le cabinet en entier. Et dans le cas des modifications ou des amendements seraient apportés en séance contre les vues gouvernementales, le ministre se retirerait en signe de protestation, et naturellement un tel état de chose aurait la suite qu'il convient, on le verra plus loin.

La solidarité ministérielle paraît avoir été adoptée pour consolider la position de chacun des ministres dans les difficultés législatives ; cette solidarité avait autrefois sa raison d'être, en présence de Chambres consciencieuses et réfléchies, qui savaient faire des concessions pour éviter la chute d'un gouvernement, qui est toujours une chose grave. Les temps ont changé, les Chambres sont devenues intransigeantes, des partis agressifs, sans considération aucun, y font une atmosphère de lutte permanente, la solidarité ministérielle, dans ces conditions, devient une faiblesse coupable, une absurdité ; c'est l'abandon de la bataille pour un poste attaqué ou battu, c'est de la désertion. Et si l'on se place à un autre point de vue, c'est une grève, et les grèves sont condamnables. C'est la cause de la fragilité des gouvernements, qui les rend instables, c'est la raison exploitée par les aspirants à la succession.

Politique de pelure d'orange, disait le regretté Léon BOURGEOIS. Et c'est ce qui nous nuit à l'étranger, où l'on nous considère toujours comme un peuple volage et capricieux, qui ne sait ce qu'il veut.

Il est évident que le système parlementaire que nous avons adopté est absolument défectueux, les gouvernements, par trop chatouilleux, abandonnent trop facilement la partie, sur un vote qui a quelquefois peu d'importance. Nous recevons, par ailleurs, des leçons dans l'art de gouverner qui sont à prendre en considération, ainsi par exemple, nous apprenons par le « Matin » du 8 juin 1926 : « Ce matin à la Chambre

« des Communes, constituée en comité secret, « le gouvernement a été mis en minorité. Une « motion dans laquelle il demandait la clôture « des débats sur le bill de l'électricité a, en effet, « été repoussée par 29 voix contre 24 ».

C'est un échec au cabinet BALDWIN, il n'a pas démissionné pour cela.

Le gouvernement émet une idée, elle n'est pas admise, c'est entendu, il a commis une erreur d'appréciation, celle de croire qu'il était possible de limiter des débats, qui menaçaient d'être interminables.

Il ressort que notre système parlementaire, par la manie de discutailler à outrance, a les effets des principes anarchiques qui n'admettent aucun gouvernement ; en les renversant tous, à tour de rôle, ils indiquent qu'ils sont tous mauvais. Quand ils durent plus d'un trimestre, c'est qu'ils ont profité des vacances parlementaires ou des suspensions temporaires.

Alors pour ne pas tomber dans les errements du passé, les ordre du jour et les votes ne devront être considérés que comme indication, et les énervantes questions de confiance, qui font penser à la domestique qui menace de rendre son tablier, n'aurant plus de raison d'être, cela se comprend, et par ricochet, les ordres du jour cesseront d'être belliqueux.

En cas de conflit grave, soit que les Chambres passent outre à l'avis du gouvernement, élaboreraient des lois contre son assentiment, soit en voulant lui imposer des charges additionnelles, ou en supprimant des crédits jugés nécessaires à la gestion des affaires de l'Etat, dont il a la charge, le gouvernement, n'acceptant pas ces décisions, devra en appeler au Président de la République, le grand représentant du peuple, qui, s'il ne résout pas le conflit lui-même, l'exposera au Conseil d'Etat, élevé en Tribunal d'Etat avec des pouvoirs étendus, lequel Conseil d'Etat rendra une sentence motivée par les « attendus » circonstanciels qui feront admettre ou rejeter les décisions législatives. Les jugements du Conseil d'Etat seront définitifs et sans appel, et les causes ou griefs qui donnent lieu à ces jugements ne pourront être renouvelés durant la législature en cours.

Par réciprocité, les Chambres réunies ont les mêmes droits que les gouvernements, si ceux-ci s'obstinaient à ne vouloir admettre ou accepter ce que les deux Chambres, dans leur majorité, jugeraient admissible et juste, c'est le Président de la République d'abord ou, ensuite, le Conseil d'Etat qui déciderait après ouïr les partis adverses, les Chambres étant représentées par leur commission spéciale de l'affaire en litige.

Et maintenant, raisonnons un peu sur la composition des gouvernements.

Qu'est-ce qu'un gouvernement ? C'est un comité des gérants des administrations de l'Etat.

Les administrations de l'Etat, que l'on appelle « ministères » ont un service régulier et permanent assuré par un corps très compliqué de fonctionnaires, et dirigées par des directeurs compétents.

Pourquoi ajoute-t-on à ces administrations absolument complètes un homme politique quelconque, la plupart du temps, incompétent quoiqu'on dise, dont le rôle consiste simplement à signer les pièces, chose que le directeur général peut aussi bien faire.

Les Ministres, depuis toujours, n'ont jamais

été les vrais administrateurs de leur ministère, ils n'appartiennent pas au rouage dont ils ignorent le mécanisme ; certainement il y a en a peu, peut-être point, qui ont procédé à une inspection minutieuse de leur administration ; qui en ont visité tous les bureaux, et qui par eux-même se sont rendu compte de leur utilité, c'est ce qui explique l'existence de l'incroyable quantité de services inutiles dans toutes les administrations publiques.

La politique du « ôte-toi de là », qui se pratique plus que jamais, fait que les Ministres se sachant temporaires, quasi provisoires, ne prennent et ne peuvent prendre aucune initiative de modification ou de transformation, les hauts fonctionnaires le sachant également, l'effet du provisoire agit sur tout le monde, il s'ensuit que ni Ministres ni hauts fonctionnaires, ni dans les ministères ne prennent véritablement leur rôle à cœur, ils vivent dans une atmosphère d'indifférence, de ponce-pilatisme.

Ce coupable désintéressement à la bonne organisation des ministères est signalé par un article du « Matin » du 19 juillet 1926, qui émane d'une lettre d'un haut fonctionnaire des finances, dans laquelle il apprécie le bien-fondé des réclamations du public, en justifiant l'impuissance des fonctionnaires, malgré leur bonne volonté. Nous insérons l'article en entier, il mérite d'être sérieusement médité : « Un Portrait peu flatteur », Le Fisc peint par lui-même ». « Les critiques que nos lecteurs adressent journellement à une administration fiscale, qui semble avoir élevé la brimade à la hauteur d'une institution, connaissent la singulière fortune d'être principalement appréciées par ceux-là mêmes qui en sont l'objet.

« Un fonctionnaire qui, élevé dans le sérail, en connait les détours, nous écrit en substance :

« Les contribuables ont mille fois raison de se « plaindre. Surtout, qu'ils ne se gênent pas pour « nous. Ils ne savent pas quel service ils nous « rendent. Si leurs cris pouvaient, grâce au Ma- « tin, être entendus en haut lieu, nous serions « les premiers à applaudir ».

« Lettre singulière, ironique sans doute, penserez-vous ? Que nenni : notre fonctionnaire s'explique :

« Loin d'être des bourreaux, nous sommes nous- « mêmes des victimes. Nous avons au cou un « carcan qui est l'instruction générale de 1859 « modifiée par le décret de 1862. Pas une virgule « n'en a été changée. Nous avons pour nous dé- « battre dans la nouvelle situation fiscale d'après « guerre un appareil étriqué et désuet qui gêne « nos mouvements et paralyse nos efforts. Nous « ressemblons au nageur qui aurait pour tâche de « traverser la Manche avec un poids de vingt « kilos à chaque pied.

« Evidemment, nous n'avançons pas vite et si « nous ne nous noyons pas, c'est vraiment par « miracle. En tous cas, nous sommes dans *l'im- « possibilité absolue* d'assurer un service rapide « et, par suite, de répondre favorablement aux « légitimes revendications du public ».

« Notre correspondant ajoute :

« Les lois, décrets, arrêtés et règlements sur « lesquels viennent se greffer les chinoiseries et « la routine administratives ne sont pas pour « simplifier la besogne. Les perceptions sont des « usines à paperasses. La pagaïe y règne. Si le

« public est mécontent, le personnel est, lui, « excédé.

« Il l'est d'autant plus qu'à une situation qui « chaque jour s'aggrave, il ne voit surgir aucun « remède.

« L'administration des finances contemple la « gabegie des perceptions avec une désinvolture « extraordinaire. Ce spectacle semble plutôt l'a« muser. On en est encore à attendre d'elle la « plus petite réforme, alors qu'une réorganisa« tion complète des services de recouvrements « s'impose.

« Cela, le public le sent confusément. Le per« sonnel, lui, le sent avec force. *Il s'étonne de « voir placer à la tête de certaines importantes « perceptions des titulaires venus des quatre « coins du monde politique et ignorant tout de « leur nouveau métier.* Il s'irrite de voir ses dé« marches pour l'amélioration des services infail« liblement vouées à l'échec.

« Il convient que le public sache tout cela », conclut notre correspondant. Voilà qui est fait.

Les Ministres actuels n'étant dans leur ministère qu'une étiquette décorative, qu'une unité supplémentaire et représentative, emploient leur temps aux joutes oratoires de la politique d'intrigues dont ils sont la cause et le but.

Dans l'organisation future, basée sur le bon sens et sur la raison, ces chefs politiques disparaissent, la politique du « ôte-toi de là » est supprimée ainsi que le piétinement législatif, qui en est la conséquence ; les administration apparaîtront avec leur vraie figure, c'est-à-dire des institutions matérielles créées par les lois et pour l'application des lois, d'où la politique d'intrigue et le favoritisme seront bannis.

En réalité, les ministères sont dirigés par des haut fonctionnaires de valeur, maintenus dans un rôle permanent de subalterne, alors que leur compétence, leur mérite et leur talent administratif, par leur long séjour dans leur service, les désignent comme chef suprême de leur administration, c'est-à-dire, comme Ministre.

Etant donné que chacune des grandes administration, connues sous le nom de ministère, doit fournir son Ministre, en la personne la plus haut placée, la formation d'un cabinet est toute indiquée, et cela doit être ainsi. Le cabinet gouvernemental ainsi formé se trouve forcément incomplet, il doit être parachevé par la nomination d'un chef de gouvernement, lequel doit naturellement être un homme politique connu, pouvant être pris dans l'une ou l'autre des Chambres parlementaires, et son rôle, comme il le fut toujours est de diriger la politique française, toutefois, et c'est ici la seule modification dans ses attributions, c'est qu'il doit manœuvrer en collaboration avec le Président de la République.

Le Président du Conseil des Ministres doit être sans portefeuille (pourquoi ne l'apellerait-on pas Chancelier ?), comme chef des Ministres, il doit connaître de leur gestion, les contrôler et être leur porte-parole.

Pour l'élévation d'une personnalité politique à la dignité de Président du Conseil, le procédé employé jusqu'à ce jour est quelque peu original. La mise en scène des consultations des notabilités politiques, la pointe de mystère qui s'en dégage, tout cet appareil est mis en œuvre, non pour une nomination, mais pour solliciter la personnalité désignée dans ces consultations à accepter la mission de former un cabinet, et sa nomination dépendra de sa réussite. Alors, la comédie commence, le personnage en question cherche des collaborateurs de bonne volonté, il offre des portefeuilles, comme au théâtre on offre des rôles en choisissant les artistes; en question humaine, faire un choix a toujours un côté déplaisant, tous les appétits ne sont pas satisfaits, comme le dit admirablement M. Poincaré, et les intrigues politiques se donnent libre cours, on en voit malheureusement les résultats par la suite.

D'abord, les consultations présidentielles ne sont pas sans offusquer d'autres personnages non consultés, qui se croient également qualifiés pour donner leur opinion; et celles exprimées, malgré qu'elles émanent de personnages les plus considérables, ne sont pas toujours dénuées d'un penchant quelconque, et par suite, ne représentent pas exactement les aspirations d'une majorité, on s'en rend compte par les difficultés que rencontre la personnalité qui s'est dévouée à la formation d'un ministère, et qui souvent ne peut aboutir. Toutes ces susceptibilités, plus ou moins froissées et plus ou moins visibles, sont le plus souvent la source des divergences politiques, qui paraissent s'attacher aux vues des partis politiques, les gouvernements en connaissent les conséquences.

Ce mode de procéder est le système du tâtonnement avec ses déboires.

Le moyen le plus rationnel pour mettre tout le monde d'accord, en évitant les visées particulières, est le système électif.

Le Président du Conseil étant le grand directeur de la politique française, devant rallier une majorité pour gouverner avec assurance, doit être élu par cette majorité, celle des deux Chambres parlementaires réunies en congrès.

Le Président du Conseil doit être élu pour la durée de la législature, et son élection doit avoir lieu immédiatement après la validation des élections législatives.

Les candidatures à la Présidence du Conseil devront être posées au plus tard 8 jours avant l'élection. Dans ce délai de 8 jours les déclarations ne seront plus recevables. Ce délai est nécessaire pour les informations politiques, desquelles le peuple se préoccupe avec passion.

Pour appuyer les principes d'égalité, des personnages étrangers aux parlements législatifs peuvent également poser leur candidature, en exposant leur programme politique.

La majorité absolue des suffrages étant indispensable, en cas de ballotage, il sera immédiatement procédé à un autre tour de scrutin, et ce, autant de fois qu'il sera nécessaire pour qu'un candidat obtienne la majorité absolue.

Comme dans toutes les élections, le désistement des candidats est facultatif.

Il n'est pas inutile de rappeler que le vote étant un devoir civique, doit être personnel et obligatoire, et personne ne doit se dérober aux élections, ni s'abstenir.

L'élection d'un Premier, étant une action transcendante pour le pays, doit avoir le caractère d'une manifestation loyale avec la pensée d'aboutir; dans ce but, et en prévision des malintentionnés, on pourrait admettre un règlement sévère, à peu près dans ce sens :

1° Les bulletins de vote ne devront relater qu'un nom de candidat. Dans le cas où le bulletin relaterait plusieurs noms, celui inscrit en tête sur la liste serait seul valable, les autres noms seront annulés de plein droit.

2° Les votes doivent être en faveur de l'un des candidats, au moment précis de l'élection, et l'on ne devra tolérer aucun écart à ce principe absolu, soit par la persistance à voter pour un candidat qui se sera désisté, soit par le vote pour un non-candidat, soit par un bulletin blanc ou baroque. Dans tous ces cas, pour appliquer une sanction aux fauteurs de bulletins inopérants, les dits bulletins seraient affectés au candidat qui a réuni le plus grand nombre de voix. Cette disposition fera plutôt réfléchir. Aboutir est l'objectif.

Les Cabinets Gouvernementaux sont arrivés à une ampleur démesurée par la création de ministère de « n'importe quoi », et de sous-ministères « idem », et par des états-majors excessifs pour chacun d'eux; à ce propos, on lit dans « Le Matin » du 20 juin 1926 : « Le cabinet record, « c'est celui de M. Benazet qui contient un di- « recteur du cabinet, un chef du cabinet, un « chef adjoint, un conseiller technique et secré- « taire général pour les sports, trois chargés de « mission, deux attachés chargés des services « parlementaires, un chef du secrétariat parti- « culier, un attaché, quatre officiers adjoints, « qui sont : un colonel, un chef de bataillon, un « capitaine et un lieutenant, »

Le journal ajoute les réflexions suivantes : On a évidemment oublié des sous-officiers, des caporaux et des soldats de deuxième classe adjoints. Il n'en reste pas moins que ce cabinet, du moins important des sous-ministres, comprend quinze personnes, presque autant que les cabinets réunis du Président du Conseil, du sous-secrétariat à la Présidence du Conseil et ministre des Affaires Etrangères. C'est un record ».

Nous, nous n'emploierons pas un terme de sport pour donner notre opinion, nous dirons tout simplement que c'est se moquer du monde.

L'ensemble de tout cet attirail ministériel de gouvernants fait une ramification exorbitante aux frais de la princesse. La princesse c'est Marianne la pauvre qui, malgré sa pauvreté, entretient royalement une cour considérable. Il faut y mettre le holà.

La duègne politique a maquillé la simplicité du système républicain en ingénieuses combinaisons de situations à répartir, et ce système de prodigalité est tellement ancré dans les mœurs parlementaires, qu'il apparaît comme inhérent au régime républicain. C'est la curée des places.

Les mauvaises coutumes, même malsaines chez l'homme, deviennent des nécessités quand elles ne sont pas combattues à temps, et pour les abandonner ou s'en guérir, il faut des résolutions énergiques. Il en est de même dans le domaine public. Les gâchis politiques font les circonstances anormales et celles-ci font naître les rédempteurs; les Robespierre et les Napoléons furent les conséquences politiques et sociales d'une époque chaotique. Que notre étoile nous préserve de pareilles choses. Et cependant...

C'est à l'intelligence, au bon sens et aux grands sentiments de patriotisme de tous les Français qu'il faut faire appel, pour éviter le cataclysme qui nous guette, en ramenant, surtout, la politique dans la bonne voie, en l'organisant d'une façon définitive, en stipulant les rôles selon la logique, en stabilisant les fonctions qui sont l'objet des convoitises inavouées, au service desquelles toute la gamme des hypocrisies est mise à contribution. Tout le monde y gagnera, et la France, mieux servie, sera mieux considérée.

La Franc a pu jusqu'à ce jour s'offrir le luxe des grands ministères, ce beau temps n'est plus, son actuelle situation financière effroyable, quelles qu'en soient les raisons, oblige aux économies à outrance : et pour qu'elle puisse faire face à ses engagements sacrés, pour éviter la débacle, la France doit restreindre ses frais généraux par des compressions de tous genres, même et surtout par des compressions ministérielles, en réduisant l'énorme chose publique à sa plus simple expression.

L'exemple de l'économie venant d'en haut par une réorganisation gouvernementale simplifiée sera suivi par le reste de la Nation, et les lourdes charges seront supportées avec moins d'amertume.

Les Ministres futurs n'auront nullement besoin d'un cabinet spécial étant eux-mêmes pris dans les ministères, ils trouveront leurs collaborateurs dans le même milieu, en respectant la hiérarchie administrative, pour éviter les intrigues possibles; le secrétaire d'un Ministre devant être le Ministre futur par l'avancement normal.

Le Président du Conseil seul, en raison de son pouvoir qui s'étend sur tous les Ministères, a besoin d'un cabinet spécial dont les collaborateurs seront à titre de fonctionnaires et non de dignitaires.

Etant donné qu'il n'y aura plus de partis politques à satisfaire, le nombre des Ministères doit être amoindri au minimum classique de ceux indispensables auxquels seront rattachés tous les autres par leur affinité, et qui constitueront des subdivisions respectives.

Les futurs gouvernements se présenteront à peu près ainsi :

1. Le Président du Conseil. Sans portefeuille.

2. Le Ministre de la Justice, qui dirigera :

   a) La Justice;
   b) La Police;
   c) Les Services Pénitentiers.

   La Justice et la Police étant deux institutions qui se complètent, doivent être réunies.

3. Le Ministre de l'Intérieur, dont l'administration est celle qui se rapporte à tout ce qui est à l'intérieur de la France, aura à sa charge :

   a) L'administration préfectorale;
   b) L'Instruction Publique;
   c) Les Beaux-Arts;
   d) L'Hygiène;
   e) Les Habitations ou Logements, etc., etc..

4. Le Ministre des Relations Extérieures (l'expression est plus correcte que « Affaires Etrangères »), qui administrera :

   a) Les Relations Internationales;
   b) Les Colonies;
   c) Les Protectorats;
   d) Les Mandats, etc. et toutes les affaires hors de France.

5. Le Ministre des Finances, qui administrera :

   a) La Trésorerie, qui aura à son service la « Caisse des Dépôts et Consignations » réorganisée, comme nous le verrons plus loin;
   b) Le Budget;
   c) Les Pensions;
   d) Les Régions Libérées, et tout ce qui se rapporte aux finances.

6. Le Ministre de la Défense Nationale, qui sera un général ou un amiral, c'est-à-dire un professionnel, qui réunira :

   a) L'Armée de terre;
   b) L'Armée de mer;
   c) L'Aéronautique;
   d) Le Service des Brevets d'inventions utilisables en temps de guerre, comprenant le laboratoire chimique d'étude, etc..

7. Le Ministre de la Société, qui dirigera :

   a) Le Commerce;
   b) L'Industrie;
   c) L'Agriculture;
   d) Le Travail;
   e) Les Travaux Publics;
   f) La Marine Marchande;
   g) Les Chemins de Fer;
   h) L'Enseignement Technique;
   i) Les Groupements (syndicats, sociétés, etc. qui ont une personnalité civile, et qui doivent déposer leurs statuts), et tout ce qui a un rôle social, mercantil et ouvrier.

8. Le Ministre des Communications, dont le Ministère industriel réunira :

   a) Les Postes;
   b) Les Télégraphes avec fils;
   c) Les Télégraphes sans fil;
   d) Les Téléphones;
   e) Les Câbles, et tout ce qui se rapporte à la correspondance.

Une combinaison ministérielle ainsi établie a d'immenses avantages, en outre d'une économie énorme, considérable, colossale, la concentration rend les formalités plus simples et le travail plus facile, surtout si l'on se décidait à réunir tous les Ministères dans le même édifice, en un immense *Palais National*, comme cela existe par ailleurs. On a émis cette idée à plusieurs reprises, d'affecter à ce *Palais National* l'immense emplacement occupé en ce moment par la caserne de l'Ecole Militaire, qui est quasi inoccupée, et les frais de construction seraient couverts plusieurs fois par la vente des immeubles insuffisants qui abritent les Ministères actuels, et qui ont le défaut d'être trop espacés les uns des autres.

Pour l'organisation définitive de ces Ministères, ceux actuels, doivent être acceptés sous bénéfice d'inventaire.

Il est avéré que la quantité effarante des fonctionanires de toutes les administrations, dont le nombre fantastique, avant l'avènement du Ministère Poincaré, était de 696.768 ! on pourrait facilement en supprimer les deux tiers. Ce nombre imposant (publié par « Le Matin »), est exactement celui des employés de tous grades, du plus modeste au plus élevé, dont le traitement est assuré par l'Etat.

Les 696.768 fonctionnaires sont répartis dans les grands services suivants : Instruction publique, 146.783; P. T. T., 145.397; Finances, 92.410; Chemin de fer de l'Etat, 89.661; Guerre, 56.687; Chemin de fer d'Alsace et de Lorraine, 45.000; Marine, 30.654; Travaux publics, 18.147; Services administratifs d'Alsace et de Lorraine, 13.337; Régions libérées, 11.056; Agriculture, 10.029; Pensions, 8.980; Services judiciaires, 6.067; Services pénitentiaires, 4.335; Enseignement technique, 2.553; Beaux-Arts, 2.107; Travail et Hygiène, 2.068; Intérieur, 2.065; Imprimerie nationale, 1.687; Affaires étrangères, 1.631; Aéronautique, 1.503; Marine marchande, 1.266; Colonies, 1.000; Commerce, 816; Monnaies, 486; Chemin de fer et port de la Réunion, 481; Légion d'honneur, 463; Total.... 696.768.

Nous disions, que de ce chiffre formidable de fonctionnaires, on pourrait, avec une bonne organisation, en supprimer probablement les deux tiers, par la suppression des services inutiles, à paperasserie coûteuse, ne servant à rien, créés de toutes pièces pour justifier les emplois concédés à des amis de parlementaires, à des parents d'amis, à des électeurs influents ou à des recommandés de tout acabit, bombardés fonctionnaires pour des raisons inconnues, et qu'il est plus sage d'ignorer. Ces pistonnages ont été de tous temps, et sous tous les ministères, qui se sont ingéniés d'ajouter chacun sa goutte d'eau. Le vase déborde.

A ce sujet, « Le Matin » du 15 août 1926 a communiqué la note suggestive suivante, intitulée : La Section des « Recommandations Parlementaires ». « On lit dans le Journal Officiel, page 8.059 :

« Par arrêté du ministre des Colonies en date « du 13 juillet 1926, les subdivisions et attribu« tions du cabinet du ministre ont été modifiées « comme ci-après :

« 1° Le Cabinet et secrétariat particulier du « ministre;

« 2° Le bureau du cabinet qui comprend deux « sections; première section : Enregistrement gé« néral, distinctions honorifiques, chiffre, re« commandations parlementaires... »

« Le Matin » ajoute : « Recommandations parlementaires, ce n'est pas une petite besogne ! Gageons que la première section du bureau du cabinet du ministre des colonies ne manque pas de travail... »

Que l'on s'inspire de l'administration de la grande République sœur (cela ne coûte rien de l'appeler ainsi, elle est riche, nous sommes pauvres, et nous lui devons de l'argent), où la population est près de trois fois celle de la France, où il se fait un trafic phénoménal auquel le nôtre n'arriverait pas à la cheville, s'il était personnifié, et où le nombre des fonctionnaires n'est pas le tiers de celui de chez nous. Alors, conclusion : les Américains ont des organisateurs, ils sont intelligents; nous... nous sommes... tout le contraire; chacun est libre d'ajouter le qualificatif exact qui nous correspond par déduction. Et l'on dit, cependant, que nous sommes un peuple intelligent ! ! ! Faisons notre mea-culpa.

Le côté original est qu'aucun parlementaire n'ignore cette situation pitoyable des ministères infestés d'inutilités, que beaucoup d'entre-eux, s'ils ne l'ont pas créés, y ont contribué par atavisme « parlementaire »; c'est un envahissement dont l'opposition avancée se réjouit, comme étant, avec les monopoles d'Etat et les arsenaux, un à-compte sur le communisme.

Il a fallu le courage de M. Louis Marin pour en dénoncer une partie à la tribune, une petite partie, car il ne lui a pas été donné de s'enquérir partout; il y a du « visible » et de « l'invisible ». M. Louis Marin n'a pu parler que du « visible »; l'invisible est à peu près comme chez ce banquier véreux qui, pour s'attirer la confiance du public capitaliste, par l'apparence d'une banque importante, entretenait dans ses bureaux un nombreux personnel, bien en évidence, travaillant quand il entrait quelqu'un, travaillant ferme... à copier le bottin.

Une opinion toute récente de M. Georges Lemarchand, rapporteur général du budget du personnel, est à prendre en considération, ainsi, dit-il : « Les bureaux de la préfecture de la Seine ne « sont pas, en effet, agencés comme devraient « l'être les bureaux d'une aussi grande adminis-« tration. Ce sont, pour la plupart, de petites « pièces isolées où le fonctionaire s'installe com-« me il lui plaît, et fait ce qu'il veut, quand il « veut, et en dehors de toute surveillance. Pour-« quoi la Direction des Travaux, dans les 200 « chambres de l'ancien hôtel de la Méditerranée, « quai de la Rapée ? Pourquoi la Direction de « l'Octroi, boulevard de Port-Royal dans un im-« meuble que la ville de Paris loue 100.000 francs « par an ? »

Gâchis. On voit que partout où il y a ad-mi-nis-tra-tion publique, il y a du gâchis.

Réformer ? Hélas ! Impossible, le parlementarisme est opposé à tout projet de réforme administrative, ce qui existe, c'est son œuvre; il se complait dans le gâchis. Les parlementaires sont réfractaires à l'ordre et aux économies; tout chez eux le démontre; ils sont les chevaliers de la dépense facile, avec la poche des contribuables, ils sont les préposés à l'amplification du budget, ils ne proposent que des dépenses, des ouvertures de crédit.

Et le plus beau de l'affaire, c'est que pour s'assurer leur fromage à grands trous, les budgétivores se sont syndiqués; alors, quels sont les Ministres qui oseraient toucher à des syndiqués ? Les interpellateurs exigeraient bien vite leur réintégration. Et ces entretenus de la bénigne Marianne contribuent à la vie chère; pour les payer, on augmente les impôts, qui augmentent les prix normaux, et ensuite, les mêmes fonctionnaires réclament une augmentation de salaire Et populo paye toujours ! Pauvre pays.

Voilà le résultat du parlementarisme.

D'un article judicieux et modéré, comme il convient par la haute situation de son auteur, paru dans « La Vie Française », intitulé : *Les économies à réaliser dans les services civils*, sous la signature de M. C. Colson de l'Institut, Vice-Président du Conseil d'Etat, nous détachons la partie relative à notre argumentation :

« .....Je ne puis aborder ici l'examen détaillé « des économies que pourrait procurer la réfor« me (réforme administrative), la réduction et « parfois la suppression de certains services; se « sont questions trop spéciales pour être discutées « autrement qu'entre les gens du métier et les « représentants du Ministère des Finances. Ce « que j'ai voulu démontrer seulement, c'est que « notre organisation administrative actuelle pré« sente quelques vices généraux qui entraînent « des dépenses excessives ou inutiles. Par contre,

« sur bien des points, elle manque des ressources « essentielles pour faire face à des besoins réels. « Malheureusement, les dépenses inutiles ou mal « conçues sont celles qui donnent satisfaction, je « ne dirai pas aux désirs des populations et des « électeurs, mais aux revendications des syndi- « cats, associations et fédérations de toute nature « qui parlent en leur nom; par suite, il sera tou- « jours pratiquement très difficile de réaliser les « réformes utiles ou même nécessaires.

« Certes, le droit de s'associer est un droit natu- « rel que l'on ne saurait refuser aux citoyens d'un « pays libre. Mais, jadis, les Français se sou- « ciaient heureusement fort peu de ce droit, dans « la faible mesure où il leur était reconnu, parce « que les pouvoirs publics ne prêtaient guère « l'oreille aux associations. Aujourd'hui, au con- « traire, tout groupement, si infime soit-il, est « écouté, et les pouvoirs publics s'efforcent de lui « donner satisfaction au moins apparente, tandis « que les réclamations individuelles, même fon- « dées sur de solides raisons, ne sont sûrement « accueillies que dans les cas ou un juge peut en « être saisi. Dès lors, le public croit les associa- « tions plus puissantes encore qu'elles ne le sont « en réalité. A toute occasion, des hommes ingé- « nieux constituent des groupements dont ils « deviennent les chefs, souvent appointés. Or ces « chefs ont pour mission de présenter les reven- « dications soit des contribuables qui exigent un « prompt soulagement ou qui ne veulent pas « payer leur juste part des impôts, soit des fonc- « tionnaires qui veulent être payés pour un tra- « vail moindre, soit des retraités, des sinistrés, « des mutilés qui réclament des allocations plus « fortes, soit enfin de tous les groupes de parti-

« culiers qui désirent des subventions, des prêts « à un taux infime, des exemptions ou des pri- « vilèges. Comme la raison d'être de ces repré- « sentants est de revendiquer, quand ils ont obte- « nu satisfaction sur un point, ils inventent une « revendication nouvelle et persuadent à leurs « commerçants qu'elle a pour eux un réel inté- « rêt.

« Les services inutiles, les émoluments exagé- « rés, enfin le relachement de la discipline qui di- « minue le rendement des fonctionnaires et em- « pêche de réduire leur nombre rentrent essentiel- « lement dans les produits de cette agitation arti- « ficielle; c'est pourquoi il est bien difficile aux « élus soucieux de l'intérêt public d'y toucher « sans perdre leur siège. Par contre, les agents « qualifiés des services vraiment intéressants et « les quelques hommes qui les font marcher, avec « des traitements très insuffisants, n'aiment pas « à réclamer; quand ils sont trop injustement « traités, ils s'en vont, certains de trouver ailleurs « la situation qu'ils méritent. C'est cependant à « ceux-là qu'il faudrait donner satisfaction, pour « rendre à l'administration française la haute « valeur qui la distinguait jadis entre toutes. Les « sacrifices nécessaires seraient peu de chose, « comparés aux économies que pourraient réali- « ser ailleurs des pouvoirs publics énergiques, « servis par des agents de choix; ils en atténue- « raient néanmoins l'importance. D'autre part, la « suppression des services et des emplois que « rendrait inutiles la réduction du nombre des « ministères et des circonscriptions administra- « tives joints à une discipline plus ferme, ne « pourrait être réalisés sans indemniser dans « une certaine mesure les agents licenciés. C'est

« ce qui ne nous permet pas d'affirmer la possi-
« bilité de réaliser des réductions considérables
« et immédiates sur l'ensemble des dépenses pu-
« bliques. Nous n'en avons pas moins la certi-
« tude qu'il serait possible d'améliorer notable-
« ment la qualité des services, en réduisant sen-
« siblement les frais qu'ils entraînent et les im-
« pôts écrasants nécesaires pour y faire face, si
« les défenseurs de l'intérêt général avaient la
« force de résister aux intérêts privés coalisés. »

Nous ne sommes pas complètement d'accord avec M. Colson qui admet trop facilement les droits que se sont arrogés les budgétivores par la force des choses, en émettant l'avis que la suppression des inutilités dans les administrations ne pourrait se réaliser sans les indemnités qui rendraient les opérations de la trésorerie plutôt onéreuses, il considère assurément les fameux droits à la retraite que les fonctionnaires invoquent à tout propos comme inéluctables, pour être maintenus perpétuellement dans leur sinécure. Envisager quelques remèdes, quelques modifications partielles ne redresseront pas la société actuelle accablée de frais et pourrie de dettes, il faut une transformation absolue, une épuration, il faut une refonte, et pour cela, il faut que tout le monde passe au crible. Cette refonte n'ira pas sans atteindre une quantité d'individus, les ex-privilégiés, qui se replaceront dans le rang; la question des droits à la retraite, que l'on fait miroiter, n'a plus cours, puisque l'avenir de tout le monde est assuré par la retraite unique et démocratique, dont nous verrons l'exposé plus loin, au chapitre II. Quand au présent, ils trouveront dans le Commerce, dans l'Industrie ou dans l'Agriculture, ces trois organisations étant décentralisées et élargies, des quantités de situations analogues ou supérieures, avec probablement plus d'indépendance.

Ne pas perdre de vue que la France est dans le pétrin, et pour l'en sortir, aucun, absolument aucun moyen n'est efficace si ce n'est un révolution complète du système, révolution pacifique, si c'est possible, mais indiscutable révolution.

Avant 1789, les nobles aussi croyaient avoir des droits inéluctables.

Il y a, de nos jours, des quantités de Nations dans lesquelles chaque changement de gouvernement entraine le changement complet du personnel administratif, jusqu'au garçon de bureau et même du balayeur de la rue; il est vrai, que ces changements de gouvernement ont lieu généralement par la force, par une poussée révolutionnaire, mais ce n'en est pas moins dans leurs habitudes, dans leurs mœurs; et il n'est pas rare de voir un ex-employé supérieur devenir, par la suite, chargeur de wagons ou de bateaux, ils n'en sont pas déshonorés pour cela.

Chez nous, nos principes d'humanité, notre bonté et notre faiblesse font naître et se développer l'exigence et l'abus. Il faut que cela cesse. Populo est fatigué d'être l'éternelle victime.

On lit de temps en temps que des anciens colonels de Russie, des anciens millionnaires en roubles-or, sont actuellement ouvriers quelconques dans des usines de France; c'est la leçon, peut-être un peu brutale qui nous est venue de Russie, mais dont le vent égalitaire souffle déjà, et soufflera davantage dans le monde entier, à des époques différentes suivant les Nations. Pour parer, nous autres, en France, à ce cataclysme inévitable, mieux vaut, d'ores et déjà, prendre les devants par des dispositions d'ensemble, qui donneront satisfaction à tous les citoyens français, avant que la fatalité nous étreigne, et que les désespérés en viennent à se servir eux-mêmes.

Pour faire suite à l'opinion de M. Colson, par d'autres, aussi autorisées, en ce qui touche les inutilités administratives, nous détachons du rapport du comité des experts financiers l'entrefilet suivant : « L'opinion française et étrangère est « restée déçue de la stérilité des tentatives faites « jusqu'à ce jour.

« Il ne peut y avoir d'économies réelles qu'à la « condition de moderniser et de simplifier les « méthodes administratives, de fusionner les ser- « vices, parfois de supprimer des services en- « tiers.

« L'élargisement et le regroupement d'un grand « nombre de circonscriptions administratives (dé- « partements et arrondissements) sont à la base « de la réorganisation des services locaux dont « certains pourraient être supprimés en entier... »

Puis, une autre preuve se trouve dans les annexes de la loi des pouvoirs généraux que sollicitait M. Caillaux, dans lesquelles on lit :

« ....3. Des instructions seront données par les « membres du gouvernement pour que le per- « sonnel des administrations centrales soit rame- « né au nombre existant en 1914, à moins de né- « cessités impérieuses, et, en ce cas, après déci- « sion du conseil des ministres... (Le Matin du 16 juillet 1926). Cette dernière note, par sa paternité, constitue une vérité sans réplique.

Il faut agir énergiquement avec un grand balai, comme disent les Américains, et comme eux, se méfier toujours des discours embobelinants.

Pour épurer les ministères, il faut une commission de comptables organisateurs qui mettront de l'ordre dans cette paperasserie incroyable en la simplifiant, en la faisant pratique, en rejetant impitoyablement cette complication faite à dessein pour le maintien des parasites qui doivent disparaître; il en résultera, en outre, d'immenses locaux libres.

Nous disons « organisateurs » parce que c'est un talent extrêmement rare, qui n'est pas à la portée de tout le monde, quoique, ô vanité humaine, chacun s'en accorde les aptitudes; il y a beaucoup de grands esprits, de grands érudits, de grands savants qui ignorent l'ordre, embryon du talent d'organisation, celui-ci n'existe pas sans celui-là. La preuve de ce que nous avançons, est que tous les Ministres qui se sont succédé dans les différents ministères, avant l'avènement du grand Ministère d'Union Nationale, bien qu'ayant des réputations de discoureurs émérites, ont démontré, étant Ministre, leur incapacité comme organisateurs.

Les Ministères débarassés de leurs parasites et ramenés à un personnel strictement nécessaire, qui ne pourra être augmenté sans l'autorisation du *Conseil d'Etat*, devront être organisés hiérarchiquement, c'est-à-dire en échelons accessibles aux employés par un avancement auquel leur donneront droit leur mérite et leur capacité, ainsi le plus humble des employés, s'il a les qualités requises pourra, gravissant d'échelon en échelon, parvenir au sommet de son administration, et devenir Ministre. Dans chaque ministère, il sera établi un tableau d'avancement à l'instar de celui de l'armée, qui est un modèle de genre, pour permettre l'avancement de préférence aux plus aptes et aux plus méritants.

L'organisation administrative que nous proposons d'établir est foncièrement démocratique, basée sur l'avancement normal par les mérites, à l'exclusion du favoritisme qui doit être définitivement banni.

Dans le Ministère des Relations Extérieures, les anciens principes de « *la carrière* » doivent être rétablis, afin que les postes importants et ceux d'ambassadeurs, entre autres, ne soient plus l'objet d'intrigues politiques ou de l'indigne favoritisme, qui occasionnent des changements dans des délais trop rapprochés, ne permettant pas aux dignitaires de faire œuvre utile.

Les titulaires d'emploi ou de situation dans les administrations, à quelque rang qu'ils appartiennent ne pourront être déplacés, rétrogradés ou mis en retrait d'emploi que par mesure disciplinaire, édictée par le Conseil de Discipline de leur administration ou de leur ministère respectif, et ce, à la requête du Ministre correspondant.

Les Ministres sont en fonction permanente jusqu'à la limite d'âge, qui est fixée à 60 ans, leur gestion doit être en conformité de la politique du Premier.

Bien que la stabilité de chacun des Ministres soit assurée jusqu'à la limite d'âge, les Ministres ne doivent pas perdre de vue qu'ils demeurent les subordonnés du Président du Conseil, chef du gouvernement et responsable de leur gestion devant la Nation, et par conséquent devant les parlements qui la représentent.

Le Président du Conseil, étant élu pour la période de la législature, il résulte que si cet homme d'Etat appartenait à l'une des assemblées parlementaires, la circonscription qui l'a élu ne serait pas représentée effectivement durant cette période, cela serait anormal; alors, sitôt élu, il devra donner sa démission de Député ou de Sénateur pour qu'il soit procédé à une élection à l'effet de le remplacer.

Naturellement, le Président du Conseil est rééligible, tout comme le Président de la République.

Les indications de cet opuscule, comme il est facile de le voir ,ne sont que le croquis de cette vaste réforme sociale; les multiples questions de détail et de mise en pratique devront être résolues et élucidées par des commissions compétentes.

3. *Erection du Conseil d'Etat et de la Cour des Comptes en Institutions suprêmes.*

Le Conseil d'Etat et la Cour des Comptes sont deux institutions créées pour être investies des fonctions les plus importantes de l'Etat, l'une comme régulateur des administrations publiques et l'autre pour le contrôle de leur gestion financière.

Dans l'organisation politique nouvelle, nous nous sommes ingéniés à déterminer un rôle spécial à chacun des organes publics pour éviter les frictions ou motifs de crises gouvernementales, néanmoins, il n'est pas superflu de compter avec la nature humaine, donc, pour trancher les conflits possibles, un organisme de prééminence, indépendant et indiscutable s'impose, c'est le Conseil d'Etat réorganisé, composé exclusivement de juristes éprouvés, et élevé au rang de Tribunal d'Etat dont les sentences seront sans appel.

Les Conseillers d'Etat doivent être âgés d'au moins 45 ans et seront titulaires jusqu'à la limite d'âge généralisée à 60 ans, ils seront élus à la majorité absolue par un collège électoral composé ainsi :

1° Du Président de la République, et des ex-Présidents ;

2° De tous les anciens Présidents du Conseil ;

3° Des membres du gouvernement (Le Premier et ses ministres) ;

4° Des membres de la commission de législation du Sénat.

5° Des membres de la commission de législation de la Chambre des Députés ;

6° De tous les Présidents en exercice des Tribunaux de toutes les juridictions de France.

7° De tous les Bâtonniers en exercice des Barreaux de France.

En principe, les Présidents et les Bâtonniers des Colonies devraient également participer à l'élection des Conseillers d'Etat, mais on doit reconnaitre qu'il n'est pas possible d'en concilier le principe avec les distances et la perte de temps qui en résulterait.

Les candidatures devront être posées dans un délai suffisant laissant au moins huit jours francs avant les élections, et durant cette période de huit jours, les candidatures ne seront admissibles.

Le vote des électeurs est toujours personnel et obligatoire, et doit être en faveur d'un candidat dont la candidature est posée. Les abstentions, les bulletins blancs ou les votes pour des non-candidats sont interdits ; comme nous l'avons vu précédemment, les mêmes dispositions doivent être prises, et pour sanctionner les votes de fantaisie, l'unique moyen est d'appliquer les votes entachés au candidat le plus favorisé.

Les élections à la majorité absolue doivent aboutir ; les ballotages donneront lieu à un autre tour de scrutin immédiat, et il sera procédé à autant de tours de scrutin qu'il sera nécessaire pour obtenir un résultat définitif.

Et par la suite, en cas de vacance d'un siège, celui-ci restera vacant jusqu'à ce qu'il se produise une seconde vacance ; pour les raisons faciles à comprendre, la convocation du collège électoral devra avoir lieu que pour deux Conseillers d'Etat au minimum.

Le Conseil d'Etat n'est pas une organisation politique, il est érigé en Tribunal suprême d'Etat pour résoudre, selon les lois écrites, ou par l'esprit des lois, tous les conflits, litiges ou différends entre les administrations publiques quelles qu'elles soient et pour connaître des abus de pouvoir des autorités quelconques.

Il doit connaître également des virements, des malversations ou des exactions au préjudice des caisses publiques signalés par la Cour des Comptes, et à la requête de celle-ci, en exiger le redressement ou le remboursement avec une sanction logique correspondante au délit, dont la moindre, si elle n'est prévue par les lois, pourrait être le blâme rendu public, sans préjudice, s'il s'agit d'administration, d'édicter une mesure disciplinaire pour les signataires des ordonnancements à des paiements illégaux.

Le cas échéant, le Conseil d'Etat devra se constituer en Haute Cour de justice en substitution du Sénat qui n'est nullement qualifié pour ce rôle. Qu'on le veuille ou non, une assemblée politique érigée en Haute Cour de justice à l'effet de juger des accusés de complot contre la sureté de l'Etat ou d'autres délits analogues, ne peut se défendre d'apporter dans son jugement un esprit préconçu de politique ; l'expérience, par deux fois, démontra que la sentence du Sénat érigé en Haute Cour de Justice fut suggestionnée par la politique du moment.

Le Conseil d'Etat se constituera en Haute Cour de justice à la requête du gouvernement ou du Sénat ou de la Chambre des Députés.

Dans tous les cas, les sentences du Conseil d'Etat, soit en Tribunal d'Etat, soit en Haute Cour de justice, seront sans appel.

La Cours des Comptes, en raison de ses attributions de contrôle des opérations financières de toutes les administrations publiques d'après les textes de lois, est une institution prééminente, qui a besoin d'une autorité positive et d'une absolue indépendance.

Jusqu'à ce jour son rôle a été plutôt platonique, c'est-à-dire sans efficacité, les malversations ou les exactions que l'honorable Cour des Comptes a cru devoir signaler étaient l'objet d'un rapport administratif, exempt de publicité, au Ministre des Finances qui n'en tenait aucun compte, les méfaits résultant des défectuosités de son administration, il importait de ne les pas divulguer, surtout quand des personnages nécessaires à sa politique pourraient être en jeu.

Donc, la politique aidant, les exactions s'épanouissent au grand jour, elles croissent sans limite. L'honorable Cour des Comptes désireuse de voir cesser certains agissements délictueux, adressa un jour au Président de la République un rapport circonstanciel sur des allocations illégales d'indemnités à des parlementaires-conseillers généraux, le Président de la République, dans notre actuelle Constitution étant, au point de vue administratif, un zéro en chiffre, n'a pu et ne peut donner suite à telle plainte. Résultat, toujours le même, les rapports de la Cour des Comptes ont les honneurs du panier ou de la poubelle. Marianne est toujours bonne fille, et populo-casqueur, le bon enfant.

Il faut chercher au fond de toutes les intrigues politiques l'influence du vil métal qui fait mouvoir le monde, et d'aucun conçoivent que la politique se prête à d'ingénieuses et discrètes combinaisons.

Au sujet d'un émargement d'une quantité de pupilles de la Nation, supérieure à celle qui y a droit, M. Louis Forest, dans *Le Matin*, s'exprime ainsi : «...Une enquête a été ouverte. Des abus « sont certains, souhaitons que l'enquêteur pari- « sien en trouve le moins possible, mais puis- « qu'il y est, qu'il examine aussi, sur un terrain « voisin, la légitimité de certaines pensions de « guerre, assez récentes. Les autorités locales, ne « manqueront pas de l'aider dans ses recherches. « La « mafia » n'y est encore qu'à l'état em- « bryonnaire.

« Et voilà... La politicaille a tenté de pervertir « nos institutions les plus belles. Elle a fait voter « des morts, décoré des agents électoraux qui « n'y avaient pas droit, distribué le mérite agri- « cole à des intrigants sans mérite ni agricole, « ni autre, fausse la distribution des places, les « concours, les avancements... Il faut donc lut- « ter pour que la République des camarades, « redevienne la République tout court... Le re-

« dressement du franc n'a pas d'intérêt sans le « redressement de la France... Il ne s'agit pas « seulement de sauver la caisse ; il faut sauver « le cœur ».

Voilà le rôle de la Cour des Comptes, tous les émargements doivent subir son épluchement.

Nous avons vu précédemment que les Ministres, devant provenir de leur administration, seront, par conséquent, indépendants des parlements ; le Ministre des Finances, dans ces conditions, n'aura plus d'intérêt à couvrir les méfaits de personnages parlementaires, et ceux-ci ne pourront escompter leur qualité de collègues. C'est une garantie.

L'autorité et l'indépendance de la Cour des Comptes ne peuvent être obtenues que par l'élection de ses membres et pour la durée maximum, c'est-à-dire jusqu'à la limite d'âge, ou 60 ans.

Cette limite d'âge, nous aurons l'occasion d'y revenir, est un point fondamental de l'organisation démocratique future ; nul ne pourra s'y soustraire.

Les candidats à la Cour des Comptes doivent être âgés d'au moins 40 ans.

Dans la machine publique, chacun des organes, nés de l'élection, doit avoir un collège électoral particulier, basé sur la similitude des compétences des électeurs avec celle des élus ; par conséquent, le collège électoral correspondant à la Cour des Comptes sera ainsi composé :

1° Des membres du Gouvernement (le Premier et ses Ministres).

2° Des membres de la commission des finances du Sénat ;

3° Des membres de la commission des finances de la Chambre des Députés.

4° De tous les Présidents des Tribunaux de Commerce de France ;

5° De tous les Présidents des Chambres de Commerce de France.

Le mode de procéder pour ces élections est identique aux précédents, le point important est d'aboutir avec des majorités absolues.

Egalement, dans l'avenir, la convocation du collèges électoral aura lieu pour l'élection minimum de deux membres.

4. *Réforme des Assemblées législatives, départementales et communales*

Les modifications que nous entendons apporter à ces différentes assemblées ont pour but de les ramener chacune à leur véritables attributions.

Jusqu'à ce jour, on a admis qu'un parlementaire pouvait être simultanément conseiller général, conseiller municipal et maire ; c'est du cumul moral, c'est de l'accaparement de considérations, c'est du « à moi tous les honneurs » dont l'esprit égoïste ne cadre pas avec les purs sentiments d'altruisme que doit inspirer la vraie démocratie.

Quand nous disons « cumul moral » tous les cas ne sont pas si désintéressés, témoin l'entrefilet suivant, cueilli dans le « Courrier des Etats-Unis » et émanant de la *Liberté* : « Au temps « de sa splendeur lyonnaise, M. Herriot s'était « fait allouer comme maire, par le conseil mu-

« nicipal, une petit indemnité de 50.000 francs
« pour frais de représentation.

« Après la victoire du cartel, M. Herriot, de-
« venu Président du Conseil dût forcément aban-
« donner une partie de ses occupations munici-
« pales et partagea avec M. E. Lévy, son premier
« adjoint, socialiste, les 50.000 francs d'indem-
« nité.

« Mais le Cartel a été dénoncé, à Lyon, et M. E.
« Lévy est aujourd'hui le plus terrible adver-
« saire de M. Herriot qu'il aspire à remplacer.
« Aussi, lorsque, à la fin du mois dernier, le
« premier adjoint se présenta à la caisse muni-
« cipale pour toucher, comme d'habitude, sa part
« mensuelle des frais de représentation, le pré-
« posé crut-il devoir lui demander s'il était tou-
« jours d'accord avec M. le Maire pour la répar-
« tition.

« — Il n'y a aucune raison pour que ça change,
« répondit M. Lévy. Et il empocha ses 1083 francs
« et quelques centimes ».

Passons. Ces multiples qualités chez les parlementaires entraînent de multiples inconvénients, d'abord celui de l'immense perte de temps aux assemblées législatives que l'on suspend temporairement et périodiquement pour permettre aux 410 législateurs-conseillers (250 députés et 160 sénateurs) d'assister aux réunions des conseils généraux, suspensions regrettables qui contribuent à l'éternel retard des travaux parlementaires. Le temps est trop réduit dans ces parlements où, non seulement on ne vote aucune loi de réforme, mais où l'on ne trouve même pas le moyen de voter le budget en temps utile, et tous les ans, on a recours au désastreux système des douzièmes provisoires, approximations suscitant des dépenses à l'aveuglette, et à la fin de chaque année, on se trouve avoir dépassé le budget régulièrement mal-né ; ce qui a fait dire par M. Henri Chéron, rapporteur général de la commission des finances du Sénat : « Je relève une fois de plus « l'ampleur excessive des crédits supplémen- « taires qui prouvent que les administrations ne « respectent pas suffisamment les fixations bud- « gétaires du Parlement ». Paye encore, bon populo. (C'est une preuve de plus que la Cour des Comptes, à pouvoirs élevés, est indispensable).

Comme autre conséquence regrettable à cette immense perte de temps par les Conseil Généraux et par les vacances parlementaires trop prolongées, il arrive que certaines lois que l'on ne peut différer davantage deviennent urgentes, alors on a recours aux séances de nuit. Chacun sait que le travail de nuit est toujours pénible, et n'est pas comparable au travail de jour. Ces séances de nuit sont toujours peu fréquentées par les parlementaires, dont quelques-uns somnolent et d'autres s'endorment, témoin le petit fait suivant, que nous communique la presse du premier avril 1926, au sujet du vote final du budget :

« La séance de nuit a été particulièrement fa- « tigante, et l'on cite le cas d'un député socia- « liste, chargé par ses collègues de déposer les « bulletins de vote dans l'urne, qui s'est endor- « mi à son banc avec des bulletins de vote près « de lui. Un de ses voisins lui en « chipa » plu- « sieurs, et ce fut un éclat de rire général lors- « que le socialiste, s'étant réveillé, s'aperçut de « leur disparition ».

Il s'ensuit que le dit député a dû voter en connaissance de cause pour lui et pour ses collègues absents. Et les électeurs sont bien servis.

Dans ces séances, les heures de nuit et les banquettes vides, invitent à l'indolence, et les lois élaborées dans un milieu sans entrain ne peuvent être que « précipitées et insuffisamment discutées » et ce qui est non moins regrettable, est que les séances de nuit sont scandaleusement coûteuses, et les temps précaires, que nous vivons, ne sont pas propices à de si folles dépenses.

Et ensuite, le parlementaire-conseiller général rend le plus souvent pénibles et inopérants les travaux des dits Conseils Généraux par la politique qui s'y interpose, desquels travaux, il ne ressort que des vœux politiques, qui servent... à quoi ? puisque ces vœux purement politiques sont inspirées par les parlementaires, c'est du travail en double emploi, les politiciens ayant dans leurs assemblées parlementaires le milieu convenable pour les formuler. Il appert que plusieurs assemblées, au moins deux genres d'assemblées, s'occupent du même travail, avec les mêmes hommes, c'est une anomalie. Chacun à sa place, et dans le milieu qui lui convient. C'est de la pure logique.

Certes, on ne peut prétendre que ces Messieurs les parlementaires soient incompétents pour s'occuper des affaires départementales, mais sans contredit, des patentés ou des hommes de qualité des départements résidant dans leur département, dont ils connaissent tous les besoins, sont mieux qualifiés comme Conseillers généraux que les parlementaires, qui ne sont, en réalité, que des hôtes de passage ; s'ils apportent avec eux des influences, cela devient critiquable dans une véritable démocratie. Toute influence quelle qu'elle soit doit être rejetée. L'influence c'est la préférence, c'est le favoritisme au détriment d'autrui, en l'espèce, au détriment d'autres départements également français et à besoins peut-être plus impérieux, mais moins favorisés en personnages à relief.

Quand, en plus, un parlementaire est Conseiller municipal, le bon sens est torturé. Une municipalité, qui a l'insigne honneur de posséder un parlementaire en son sein, est notoirement amputée d'un membre, un siège étant constamment inoccupée, elle est donc effectivement incomplète et Monsieur le parlementaire-conseiller municipal de la localité dont il ne s'occupe pas, et ne peut s'occuper, empêche un brave citoyen d'être élu, lequel s'en occuperait positivement. Si, par surcroît, le parlementaire est maire, cette municipalité n'est administrée que par un intérimaire, l'adjoint, elle déchoit sans s'en apercevoir. L'adjoint, suivant l'esprit des lois constitutionnelles, est pour suppléer occasionnellement le maire, pour une absence momentanée, pour une indisposition, par exemple, voire même pour la durée d'une longue maladie, et non pour remplacer le maire constamment absent. C'est de l'aberration. Cela prouverait que les maires ne sont pas utiles, alors, qu'on les supprime.

Nous avons vu précédemment que les Conseils Généraux étaient déformés par la politique que les parlementaires amènent avec eux ; les Conseils Municipaux qui possèdent un parlementaire, non seulement sont déformés, mais absolument dénaturés. L'ignoble politique qui s'infiltre partout, transforme ces réunions municipales en parlotes et les détourne de leurs véritables attributions : les affaires municipales. Ainsi le cas de M. Herriot, député, ministre de l'Instruction publique, conseiller général, conseiller municipal et maire de la ville de Lyon, démontre surabondamment l'incomptabilité qu'il y a entre les fonctions de député et de celle de conseiller municipal et par suite de maire.

Le Conseil Municipal de Lyon se compose de 56 sièges, parmi lesquels se trouvent trois députés, M. Herriot, M. Rognon et M. Février ; quand il se réunit, comme tous les conseils, dans notre République de tolérance inexplicable, il n'est jamais au complet pour s'occuper des affaires municipales, d'autant plus que les trois députés ne sont jamais présents. Mais, comme il s'agissait d'une grosse question politique de parti, ou de parti pris, comme on voudra ; il s'agissait d'excommunier M. Herriot, alors, pour une fois, et exceptionnellement, le Conseil était au grand complet.

Le Conseil Municipal de Lyon est divisé numériquement en deux partis politiques qui se balancent, l'un est favorable à M. Herriot, l'autre lui est hostile (ne voulant pas faire de politique, nous limiterons nos explications à la démonstration de l'incompatibilité des fonctions de député avec celle de conseiller municipal). Le parti hostile, qui a pu réunir 30 voix contre 26, a fait adopter la motion suivante :

« M. Herriot a été élu par nous maire de « Lyon en tant que représentant le cartel des « républicains de gauche, c'est-à-dire la lutte « contre le bloc national que personnifiait en 1924 « M. Poincaré. Aujourd'hui, M. Herriot est de- « venu le collaborateur de M. Poincaré qu'il « combattait jadis, nous lui refusons notre con- « fiance ».

La contestation de M. Herriot, très longue et

appuyée de sérieux arguments, se résume en la protestation suivante :

«... Je me borne, ici, à élever une protestation « contre la procédure employée à l'égard d'un « maire qui, pendant plus de vingt ans, a pré- « servé le droit de chacun, de ses amis comme « de ses adversaires, je déclare ne pas recon- « naître dans ces démarches le caractère du peu- « ple, parfois vif, mais toujours loyal ».

C'est l'effet de la politique, et le lot des hommes en vedette, idoles d'un jour, qui sont exposés, un peu comme les pantins du jeu de massacre dans les foires, mais comme eux, ils se relèvent toujours .

M. Herriot a pu méditer qu'en politique, il n'y a pas de reconnaissance à longue durée, serait-on Dieu en personne, l'impitoyable « ôte-toi de là » s'y oppose, qu'il y a toujours une coalition disponible pour dégommer quelqu'un, et que « le retour des choses d'ici-bas » de Guizot, apparaît à son heure.

Ainsi, un conseil municipal se réunit en séance plénière, non pour traiter des questions municipales, sinon pour politicailler, pour exécuter un maire nominal, qui n'en remplit jamais les fonctions, et ce, pour des raisons étrangères aux choses municipales ! ! !

Le principe veut que le maire soit nommé pour diriger les affaires municipales et présider le conseil, et si dans l'exercice de ses fonctions municipales, il y a des faits critiquables, le conseil a qualité pour intervenir, mais dans le cas de M. Herriot, cas exclusivement politique, les membres du Conseil Municipal, sauf les deux députés, n'ont pas à intervenir dans les faits et gestes du député-ministre, *sinon comme* simples électeurs, et le cas échéant.

Les attribution d'un Conseil Municipal sont celles de l'administration de la municipalité, et rien de plus, et c'est une anomalie d'y ajouter de la politique.

Suivant les principes de notre système social démocratique de « à chacun une situation », bien que *les fonctions* de conseiller général, d'arrondissement ou municipal soient en général honorifiques, c'est-à-dire sans allocations, par extension et au point de vue moral, il importe que les sièges de ces différents conseils soient occupés par des personnages différents, autrement dit, un personnage siégeant dans un quelconque conseil n'a pas le droit de faire partie d'un autre de ces conseils, même à titre de conseiller honoraire, ni de faire partie d'une assemblée parlementaire ou réciproquement.

Ceci dit, nous allons reprendre les « assemblées » par leur rang social.

Les modifications à apporter dans les deux Chambres parlementaires font partie de leur réglementation intérieure, elles doivent être sous forme de statuts à observer religieusement pour que chacun des membres remplisse consciencieusement son devoir.

Le 16 juillet 1926, la Chambre des Députés, dans un geste qui lui fait honneur, a modifié ses réglements pour établir un « statut de la séance publique », dans le but de limiter les discours. Retenez bien ce mot « limiter ». Si l'on a reconnu que le fameux « droit de parole » portait aux abus, et qu'il ait fallu le « limiter » pour le ramener dans le sens pratique, la porte est ouverte à la « *limitation* » de *tous* les autres droits ou libertés (les deux mots sont identiques), pour éviter les abus qui en découlent.

Nous avons vu précédemment, que la Chambre des Députés et le Sénat étaient créés pour faire des lois, c'est le rôle qu'ils conservent dans sa plénitude, et leur organisation en commissions d'études semble réunir les meilleurs conditions de travail.

Les Sénateurs et les Députés devraient réserver les matinées de chaque jour pour leurs travaux particuliers d'études ou en commissions, et tous les après-midi, aux séances parlementaires. Ici, apparaissent les défauts de la cuirasse. Il est avéré que les séances parlementaires réunissent bien rarement le quorum, et les lois sont votées tout de même : les quelques membres présents fouillent dans les pupitres des absents et votent pour eux. Il y a tromperie. Qui trompe-t-on ? le peuple souverain, souverainement trompé.

Et, précisément, en l'absence des députés avocats, qui sont à même de discuter les lois proposées, celles-ci sont votées par les quelques dévoués, sans se rendre compte de l'imperfection des textes, et qu'il y a parfois, dans la même loi, des articles qui ne s'accordent pas, exemple le cas de la loi sur la propriété commerciale, invoqué par M. Louis Forest, dans *Le Matin* du 29 septembre 1926 : « Cette loi contient, en effet, « un article essentiel, le 2, qui est annihilé par « un article accessoire, le 15. Le 2 exige, et on « en comprend la juste raison, que le renouvel« lement du bail commercial soit réclamé 2 ans « au maximum et 18 mois au minimum avant « son expiration, tandis que le 15 autorise, par « exemple, le titulaire d'un bail récent qui a en« core 10 ans à courir à demander, dès aujour-

« d'hui le renouvellement. Il paraît qu'un oubli « a laissé subsister, lors du vote, quelques mots « dont la suppression eut éclairé cette contra- « diction.

« N'empêche que 800 parlementaires ont voté « ces textes incohérents. « Ils peuvent presque « tous répondre : J'ai voté la loi, mais je n'étais « pas là, puisqu'en vertu du fameux système des « boites, j'ai le droit d'être au café, à Toulon, tout « en publiant que j'ai voté à Paris.

« C'est une explication. Est-ce une excuse ?

Il est triste pour l'humanité de constater que des personnages d'élite, désignés pour des travaux de légalité, travaillent dans l'illégalité. C'est un formidable cas de conscience qui frise l'indignité.

Il est pénible de rappeler à Messieurs les Sénateurs et Députés que, quelle que soit la dignité de leur haute fonction, ce n'est pas déchoir, de prendre leur rôle au sérieux en l'assurant d'une ponctualité et d'une régularité de fonctionnaires ; comme eux, ils reçoivent des traitements, ils en ont même demandé le relèvement en deux reprises différentes, et chose incroyable, à la première, ce furent des communistes qui, pour une fois, sauvèrent la caisse de Marianne par des arguments, les plus justes, les plus dévoués et les plus démocratiques, malheureusement, ce ne fut pas pour longtemps.

A cette demande d'augmentation rejetée, que n'ont-ils pas fait grève, pour se conformer aux usages modernes. Il a fallu l'avènement du cabinet Poincaré pour leur donner satisfaction, en joignant leur revendication à celle des autres fonctionnaires. Ce fut pour M. Poincaré un puissant atout politique.

Peuple, rappelle-toi des noms de ces égoïstes qui veulent « jouir de la vie par dignité » aux frais de la princesse, pendant qu'ils t'imposent des charges à crever ; aux élections, fais mouvoir le grand balai, et ne te laisse pas berner.

Donc, nous disions que les parlementaires, passant à la caisse, le mot a été dit en séance, tout comme les fonctionnaires, comme eux, ils doivent produire la somme de travail qu'il est humainement possible de demander à une honorable assemblée par une présence effective et non simulée. Nous avons connaissance par les journaux que M. Poitou-Duplessy député de la Charente, ému de ces absences regrettables, proposera un système de jetons de présence. Cela est déjà bien, mais la publicité journalière des listes des parlementaires présents at absents ferait ouvrir les yeux des électeurs.

Par ailleurs, dans bien des Conseils Départementaux, on formule des vœux pour ramener les parlementaires à la raison.

Dans son assemblée d'août le Conseil Général du Loir-et-Cher, en suite de différents vœux, réclame la réduction du nombre des parlementaires et l'obligation par ceux-ci d'assister aux séances pour être rétribués.

L'assemblée départementale de la Loire-Inférieure, demande que la moitié des parlementaires soit supprimée et que les jetons de présence soient établis pour la rémunération des Députés et Sénateurs.

Le Conseil Général de la Drôme a émis un vœu en faveur de la réforme des méthodes parlementaires.

Et, si les parlementaires ne faisaient partie de ces assemblées, nous aurions à relater, à ce sujet, des vœux quasi unanimes de tous les Conseils Généraux, et nous aurions exactement les opinions de toute la France, car il est universellement reconnu que la manière d'être de Messieurs les parlementaires est un peu cavalière, et que leur nombre est plutôt encombrant et exagéré. Economisons.

De toutes les raisons supposables de ces absences coutumières, nous ne retiendrons que celle la moins défavorable, celle de croire que des questions impérieuses d'intérêt appellent ailleurs Messieurs les législateurs et les obligent à abandonner personnellement leur poste de combat. Ceci est un des innombrables cas de la mauvaise organisation sociale. Messieurs les législateurs, tout comme les Capitalogres, accumulent les charges qui rapportent et s'occupent de préférence de leurs intérêts ; les uns sont avocats, d'autres sont médecins, commerçants, industriels, banquiers, président ou membres de conseils d'administration de société anonymes, commanditaires, etc., etc. ; notre système d'organisation de la société, basé sur la formule « à chacun une situation » réprouve ces fonctions ou occupations multiples comme étant du « cumul d'ordre social », d'abord parce que cette multiplicité d'occupations lucratives porte préjudice à autrui, et ensuite que l'une d'elles, la plus méritante, celle qui a pour but la recherche du bien-être de tous se trouve délaissée.

Les commentaires sur les inconvénients sociaux des parlementaires qui ont des intérêts commerciaux et mêmes des occupations dans les carrières réputées libérales, sont à la portée de tout le monde, nous ne nous étendrons pas davantage, nous nous baserons simplement, que sur le principe démocratique et humanitaire de « à chacun sa situation » pour protester contre ces errements autocratiques d'anciens régimes. Les fonctions de Sénateur et de Député sont rétribuées, donc, elles sont des situations ; exercer la carrière d'avocat ou de médecin, être commerçant ou industriel, en titre, en société ou commanditaire, sont autant de situations ; un citoyen, quel qu'il soit, choisit celle qui lui convient, mais ne doit en adopter qu'une. Nous verrons plus loin, l'application générale du principe dans le chapitre 8, « spécialisation des commerces, des industries et de tous négoces ».

Le mode de concevoir leur rôle de représentant du peuple, à MM. les parlementaires, n'est pas sans critiques, tous leurs principes sont basés sur une erreur formidable, celle de l'embrigadement, dont la discipline est toute militaire, chacun abdique de son jugement au profit du groupe, en se soumettant à la volonté des chefs, il s'ensuit que les présences ne sont plus nécessaires, les absences ont lieu, inévitablement, c'est une conséquence; et le côté abracadabrant est que cette conception d'obéissance passive est observée dévotement dans les partis qui font profession de lutter contre tout ce qui est militaire ; alors, dans tous les partis (il y en a une douzaine), les membres marchent au doigt et à l'œil de leurs meneurs (nous employons cette expression à dessein, elle est plus française que « leader » et elle est plus explicite), ils votent ensemble, présents ou absents ; on sait d'avance le nombre des votes afférents aux partis, c'est indiscutablement une force, mais une force mécanique qui s'éloigne du sentiment de la personnalité et du libre arbitre qui devrait animer l'individualité représentative dans une assemblée légiférante. C'est la raison de l'impuissance du parlementarisme actuel, il ne marche que par à-coups et par chocs de masses ; à part les discoureurs, toujours les mêmes, qui inspirent les stratégies, les parlementaires incorporés dans leurs partis ne sont que des êtres passifs, des numéros, ils font nombre comme de simples soldats, c'est tout simplement triste. En sommes les « indépendants » sont indiscutables.

Nos élus ont le devoir d'assister à toutes les réunions, de prendre part ou non aux discussions, mais de s'y intéresser, et de prendre des décisions personnelles.

En outre, il y a une erreur dè bon sens, plus exactement, une absurdité, adoptée et passée dans les mœurs parlementaires, c'est l'abstention. L'abstention est incompatible avec le devoir parlementaire.

Nous demandons à tous les hommes réfléchis, de méditer sur ces cas d'abstention.

Un particulier, dans une discussion, a le droit de s'abstenir de donner son opinion, pour les raisons qu'il croira devoir invoquer, de même, une parlementaire ou un juge dans leur vie privée, mais le parlementaire en séance ou le juge dans l'exercice de ses fonctions n'ont plus le droit d'abstention, ils existent l'un et l'autre pour donner une opinion, favorable ou non, mais pour en donner une ; chez le parlementaire, l'opinion qu'on attend de lui est un vote affirmatif ou négatif, qui se traduit en « pour » ou en « contre », c'est-à-dire en un vote expressif.

Il n'y a pas de terme moyen, se retrancher dans l'abstention pour un parlementaire en séance, ce n'est pas faire son devoir, c'est s'embusquer, c'est

n'avoir pas le courage de s'exprimer, de prendre sa responsabilité, c'est de l'indifférence, c'est du ponce-pilatisme. L'abstention est un truquage politique qui ressemble à la tolérance par les yeux fermés et les oreilles bouchées. Une opinion semblable a d'ailleurs été émise par une personnalité politique influente, sans conteste, M. Herriot, Président de la Chambre des Députés qui, en un discours à Lyon le 11 avril 1926 au banquet de la Chambre Syndicale des bois de la région lyonnaise, au sujet de la loi du 4 décembre précédent sur la rétroactivité de l'impôt, s'exprimait ainsi :
«... Je vous dirai même que cet impôt, impopu-
« laire entre tous, je l'ai voté par devoir patrio-
« tique, alors que mes fonctions de président
« m'autorisaient à m'abstenir. J'ai pensé que
« c'eût été une lâcheté de ma part que de me
« réfugier dans l'abstention... »

Nous n'avons pas à discuter le fait d'un parlementaire descendant extraordinairement de sa hauteur présidentielle pour voter, il appartient à la politique dans laquelle nous ne voulons pas entrer, nous retenons simplement l'argument, la raison, l'appréciation franche d'une chose, celle de l'abstention qui est « commettre une lâcheté ».

Il appert que s'abstenir est commettre une lâcheté ; les abstentionnistes sont stigmatisés par une autorité parlementaire compétente.

Donc, le dit geste, qui est un exemple et une leçon, rappelle que les présidents des assemblées et les membres des bureaux ne doivent pas se départir de leur qualité d'élus et que leur devoir est d'exprimer leur opinion par le vote comme leurs collègues, comme cela se voit également dans toute espèce de société, dans lesquelles, généralement, il est spécifié, que dans le cas où les votes sont partagés d'une façon égale, le vote du président est prépondérant, et fait pencher le plateau de la balance du côté où il a pris parti.

L'abstention, en définitive, est l'hypocrisie qui souligne l'incorrection et l'intrigue de la politique.

Cette politique-là, qui envenime tout, sera éliminée dans une organisation démocratique bien établie comme celle que nous préconisons.

Les partis politiques, pourquoi ? Parce que le désarroi existe dans la société, dont le Capitalogre est la cause, parce qu'il est intangible par son organisation et sa puissance, parce qu'il canalise sans cesse, parce qu'il absorbe chaque jour, et sans discontinuer, un peu de la richesse publique, parce qu'il paralyse les efforts individuels et conduit les peuples à la misère. Ceux-ci se groupent et forment des partis protecteurs de défense sociale, de droit à l'existence, le Capitalogre immensément puissant, réfractaire à toutes concessions, se retranche derrière la légalité, qu'il a fait façonner de manière à en tirer parti, sans paraître privilégié, laquelle légalité, très souple, lui permet ses agissements de rapace, le facilite et l'invite à continuer son rôle de pressureur, d'affameur du peuple, de transformateur de la société libre en esclavage déguisé, de se substituer en dispensateur du bien-être et de la bouchée de pain, de remplacer supérieurement l'ancienne noblesse que nos aïeux ont été obligés de massacrer pour les châtier de leur insolente turpitude, alors les partis de défense sociale se transforment tout naturellement en partis belliqueux, c'est humain, c'est logique et c'est juste.

Mais puisque notre conception sociale a pour but de modifier cette désastreuse situation, de limiter la puissance du Capitalogre, de lui rogner les ongles, de répartir au plus grand nombre possible d'individus toutes les sources de profits dans des conditions les mieux appropriées à l'humanité, en laissant à chacun le bénéfice de son initiative, de ses efforts et de son mérite, nous estimons que les partis politiques créés pour la lutte sociale, que ces différents partis qui, théoriquement, tendent tous, plus ou moins rapidement, et par des chemins différents, au même but, le bien de tous, n'auront plus de raison d'être; l'organisation sociale sera hiérarchisée comme celle militaire, dans laquelle il ne peut y avoir un parti des soldats et un parti des officiers, antagoniste l'un à l'autre, sinon un seul parti, le parti militaire ; alors dans l'ensemble, il n'y aura, en tout et pour tout, qu'un seul parti, celui de la France, une et indivisible.

Nous avons pu juger des conséquences, dans les Conseils Municipaux, du fait de l'admission d'un membre d'une assemblée parlementaire, conseiller nominal et siège vide. Des conséquences de même nature, plus grandes, plus profondes encore, apparaissent dans leurs propres assemblées quand des parlementaires sont nommés à des hautes fonctions, celles d'Ambassadeurs, de Gouverneurs de Colonies, de Résident, de Haut Commissaire, de Chargé de Mission quelconque ou autres dignités, ces nominations, en outre des cas de conscience chez les personnages dont il est fait allusion, constituent des anomalies administratives, parce que, dignitaire et parlementaire, sont deux rôles et qu'il n'y a qu'un seul personnage pour les deux rôles, l'un des deux n'est pas rempli, c'est un emploi à l'état de vacance. C'est toujours populo qui est sacrifié, on lui enlève son représentant, sans lui permettre d'en désigner un autre.

Cette anomalie administrative est aggravée par l'ingénieuse combinaison des congés de six mois, renouvelables autant de fois qu'il est nécessaire, et cette régularisation apparente n'est que pour masquer le côté défectueux de telles situations. Ces congés ne sont que des subterfuges caractérisés de la politique d'intrigues.

Cas de conscience pour les parlementaires, parce qu'ils sont élus pour un mandat, pour représenter et défendre les intérêts de la circonscription ou du département qui les a élus, les électeurs ont cru en leur bonne foi, en leur profession de foi, et en leur dévouement, et ces mandataires insouciants de leurs promesses, abandonnent délibérément leurs confiants électeurs et leurs intérêts pour aller occuper leur vice-royauté ; cependant ces heureux mortels, ainsi élevés au pinacle, par prudence, conservent leurs droits à leur poste parlementaire qui reste vacant durant ce temps-là, tant pis pour les électeurs.

Pour que ces nominations fussent entourées de la plus élémentaire correction vis-à-vis du peuple souverain, dont on se moque en pareil cas, il eût fallu que les intéressés (c'est le mot qui convient) donnassent leur démission de Député ou de Sénateur, comme le fait l'honorable parlementaire élu Président de la République.

Que l'on enquête, dans cette troisième République, au sujet des parlementaires nommés à ces hautes dignités, on sera surpris du peu de temps qu'ils ont consacré à l'accomplissement de leur mandat législatif. Comme élus, ils ont manqué. C'est un des effets regrettables du parlementarisme, qui favorise toutes les combinaisons des intrigants, lesquels, se servent du peuple comme d'un marchepied. Réagir est impossible, le système est mauvais.

La spécification des rôles des organes publics que nous préconisons, pare à tous ces inconvénients, elle délimite les droits et les devoirs des corps constitués pour éviter les manœuvres d'abus de puissance et les *confusions* qui en résultent, lesquelles manœuvres, toujours inspirées par des politiques de petites chapelles, sont forcément à base d'égoïsme et de convoitise, et aboutissent à l'*écœurante* politique du « ôte-toi-de-là » qui porte atteinte au régime et le discrédite.

Comme nous l'avons dit, les hautes dignités en question font partie d'un rouage administratif qui émane du Ministère des Relations Extérieures, elles doivent appartenir aux personnalités spécialisées dans ce que l'on appelait autrefois « la Carrière ». Ces *personnalités*, ayant suivi la hiérarchie des fonctions diplomatiques, sont mieux qualifiées que par les parlementaires, sans préparation, à ces hautes fonctions, qui ignorent le mécanisme du commerce d'amitiés et de sympathies, dans les milieux étrangers, et la compréhension de la politique spéciale de ces milieux, très différents du nôtre, politique de souplesse qui engendre des attitudes prudentes et réfléchies dont dépend la réussite des bonnes relations étrangères; tout cela ne s'acquiert que par la fréquentation des ambassades en un séjour prolongé.

Dans le livre « Le Diplomate », de M. Jules Cambon, compétent en la matière, les raisons fourmillent en pro de « la Carrière », nous ne retiendrons que les passages suivants qui se présentent comme arguments majeurs : « ....On ne « négocie pas dans les chancelleries comme on « discute dans les parlements; un traité ne se « rédige point comme un jugement ou comme « un texte de loi.... »

Sur le secret des négociations diplomatiques, M. Jules Cambon a des pages puissantes. Il y distingue entre la diplomatie occulte, action sournoise et assez basse de quelque mauvais agent et la diplomatie secrète : « Mille raisons, « souvent inavouées, l'amour-propre, les intérêts « particuliers, les préjugés traditionnels, les pas- « sions des partis à l'intérieur pèsent sur l'esprit « des négociateurs, et ces obstacles ne peuvent « être surmontés que dans le silence, loin des « regards d'un public passionné et railleur.... ». Puis, analysant les situations politiques, il opine que plus les ministres se succèdent rapidement, plus ils sont exposés à apporter dans la conduite des affaires des vues sentimentales et des préjugés de parti : « Aussi, peut-on soutenir sans paradoxe « que, dans une République démocratique, plus « encore qu'en monarchie il est nécessaire qu'il y « ait une tradition et des cadres diplomatiques ». D'autre part : « Tout ce que nous pouvons faire, « dit Lord Grey, en parlant pour les cadets de la « diplomatie, c'est de leur faire part de notre ex- « périence et de nos réflexions dans l'espoir qu'ils « voudront bien les mettre à profit ». Et M. Cam- bon ajoute : « Il faut l'espérer en effet, mais ce ne « sont pas les combinaisons des diplomates ni les « discours des hommes politiques qui influeront « beaucoup sur la marche de l'humanité, c'est « l'esprit dont sera animé la démocratie elle-mê- « me. Sait-elle seulement vers quel but elle se « dirige ? Il semble que, comme jadis le peuple

« d'Israël, elle aille vers ce qu'elle croit être une « terre promise, conduite par une colonne de « nuées ».

En résumé, les Sénateurs et les Députés doivent rester dans le milieu qu'ils ont sollicité de leurs électeurs, et ils doivent payer de leur personne en tout temps et en toutes circonstances.

Une chose inouie, peu ou plutôt pas connue du public, c'est la rente que ces Messieurs les législateurs ont trouvé bon de s'octroyer, qui grignote les ressources de *Marianne* la *Débonnaire*, quand les électeurs les remercient de leurs bons services; à cet effet, on lit dans « Le Matin » du 14 janvier 1926 : « Le groupe des nouveaux dépu-« tés, c'est-à-dire de ceux élus pour la première « fois le 11 mai 1924, s'est réuni hier matin au « Palais-Bourbon pour examiner les moyens de « bénéficier de la retraite parlementaire, le droit « à celle-ci n'étant jusqu'à présent acquis qu'a-« près deux législatures seulement. Le groupe « présentera à la commission du règlement une « proposition de loi modifiant cette clause ».

Eh bien, pardon de l'expression, c'est avoir du culot. Et c'est de pareils gens qui sont nos petits-maîtres ! ! !

Cette surprenante chose, qui date de longtemps, probablement, fut tenue bien secrètement parmi la confrérie des parlementaires pour que les 99 % des contribuables et peut-être tous l'ignorassent, alors il n'est pas étonnant que les charges publiques, depuis toujours, aient pris de telles proportions, le nombre des budgétivores, et non des moindres, augmentant automatiquement d'année en année. Nous dirons carrément à ces Messieurs, qui se sont alloué de tels subsides immérités, que c'est ignoble, qu'un si petit laps de temps ne justifie pas une rente. C'est déjà honteux de s'être octroyé une pension alimentaire à prendre indirectement dans la poche de populo après un stage de deux législatures, c'est encore plus révoltant de penser qu'il y a eu des parlementaires plus indignes encore qui ont cherché à profiter de leur situation, au lendemain problématique, pour se faire des rentes, surtout en un pareil moment, pour un travail ! ? ! de quatre années. Horrible parlementarisme. Il faut décidément faire appel au 9e des travaux d'Hercule pour mettre les choses en bon état au Palais-Bourbon.

Electeurs, souvenez-vous-en.

Nous savons que ces Messieurs les Parlementaires ont une caisse de retraite prélevant un pourcentage sur leurs émoluments, mais à qui fera-t-on croire que ces fonds de recettes de cette prétendue caisse sont suffisants pour assurer les retraites à la quantités des ayants-droit; inévitablement des fonds budgétaires, jamais discutés, parfont la somme nécessaire sous une rubrique ingénieuse, cependant facile à deviner, et qui échappe à l'attention de populo casqueur.

Cette caisse apparaît comme un trompe-l'œil.

Donc, en attendant la mise en pratique de notre organisation sociale, le système des rentes parlementaires doit être supprimé.

Dans une vraie République démocratique, un Député et un Sénateur sont des citoyens comme tous les citoyens, ils ne doivent pas être plus avantagés qu'eux; tous les avantages, privilèges et faveurs, quels qu'ils soient, depuis la buvette jusqu'aux voyages gratuits en chemin de fer, dont la visite aux électeurs sert de prétexte, sont de véritables abus. Tous ces apanages traditionnels des coutumes monarchiques doivent être abolis, les purs principes démocratiques d'Egalité l'exigent, le Commerce le réclame et l'économie nationale l'impose.

Il ne doit exister rien de gratuit pour personne, pour absolument personne; les cartes de circulation gratuite des chemins de fer et des tramways dans toutes les villes constituent un scandale, les employés mêmes de ces administrations ne doivent pas faire exception, car c'est toujours à populo qu'on s'adresse pour parfaire l'équivalent en lui faisant payer davantage, il s'ensuit que c'est toujours lui qui paie les libéralités des Compagnies.

L'argent doit circuler, disent les Américains, c'est de cette circulation que dépend la prospérité des Nations. En Amérique, on ne connaît pas ces vils petits profits de larbins, on les méprise.

Aujourd'hui doit être l'ère nouvelle à base d'égalité, qui engendrera la Fraternité, le plus inappréciable des bienfaits de la nouvelle civilisation.

Les Conseils Généraux, les Conseils d'Arrondissements et les Conseils Municipaux sont des organes administratifs normaux dont les attributions sont connues de tous, mais pour que ces attributions ou fonctions deviennet efficaces, il faut les préserver de l'intruse politique qui n'a rien à voir dans ces assemblées et qui les dénature, à cet effet, il importe de caractériser les élections aux différents Conseils par des élections spéciales de compétences et d'aptitudes.

Ces trois Conseils doivent être formés de patentés ou de notabilités des carrières libérables établis et résidant effectivement et respectivement dans le département, dans l'arrondissement et dans la municipalité, et les électeurs doivent être exclusivement composés des mêmes catégories de citoyens, c'est-à-dire de patentés. Ces conditions sont absolues pour ramener les choses en leur état normal, pour que les délibérations soient vraiment inspirées par des nécessités de l'endroit, dans un esprit de régionalisme à l'exclusion de visées politiques, ou de coterie.

Les Conseils Généraux et d'Arrondissement étant des réunions temporaires ne peuvent, en aucun cas, pour leurs membres, être considérés comme situation sociale; c'est une exception à notre manière de voir, il y a donc lieu d'en maintenir les fonctions honorifiques, surtout, qu'étant remplies par des patentés régionaux, ces personnages doivent être au-dessus de la mesquinerie des frais insignifiants qu'engendrent les dits Conseils.

Les parlementaires intéressés, qui s'étaient introduits dans ces Conseils avaient trouvé une manne sous forme d'indemnités, devant lesquelles s'est élevée la *Cour des Comptes*, on n'en a jamais su la suite. (Enterrement de première classe).

Les Conseils Municipaux de France sont incontestablement d'importance différente en raison de celle numérique des habitants de leur municipalité, il est évident que plus il y a d'habitants plus il y a de services à assurer, partant plus de travail, c'est le lot d'un personnel adéquat, mais pour ce qui concerne les Conseillers Municipaux, le travail qui leur incombe n'a rien de proportionné à l'importance de leur municipalité. Dans les grandes villes comme Paris, Marseille, Lyon, Bordeaux et Lille, et peut-être d'autres, qui sont d'ailleurs l'objet d'une organisation spéciale, et dont les Conseillers Municipaux ont réussi à se faire allouer des traitements, ceux-ci ne se réunissent pas quotidiennement; on peut dire, sans désobliger MM. les Conseillers, que, en général, les Conseils Municipaux sont des réunions d'amateurs qui n'exigent pas de rares moments plutôt intermittents; et vraiment, la main sur la conscience, si l'on peut parler ainsi, les quelques heures par semaines que sacrifient MM. les Conseillers Municipaux à des délibérations pour le bon fonctionnement de leur municipalité, ne justifient pas un émargement. C'est la raison logique pour laquelle notre système démocratique qui, pourtant, s'ingénue à procurer des situations au plus grand nombre d'individus, se refuse à admettre qu'un poste où il y a un travail si peu important, soit classifié comme situation sociale; ce serait alors une sinécure, et des sinécures, il n'en faut pas, surtout par les temps précaires que nous traversons. Ce sont les sinécures, ou les postes considérés comme telles, qui sont la cause du gâchis social et de l'immonde politique d'intrigue, le fait est notoire. Pour éviter la maladie, il faut en supprimer la cause, quand elle est connue.

Donc, il y a lieu de supprimer les indemnités aux Conseillers Municipaux et de ne pas faire d'exception pour les grandes villes.

Partout, en France, les Conseils Municipaux doivent être de la même catégorie, c'est-à-dire, faits de patentés élus par des patentés. Par conséquent, comme Conseillers Municipaux, on doit avoir recours aux gens de bonne volonté auxquels la perte de quelques heures par semaine ne porte pas préjudice. Les citoyens patentés du commerce, de l'industrie, de l'agriculture ou des carrières libérales, sont tout indiqués pour remplir ce rôle; comme hommes de négoce, ils sont forcément animés d'esprit positif et pratique, et ils apportent dans l'administration municipale les principes d'ordre et d'économie qui les caractérisent dans leur situation particulière et dont les conséquences les touchent de près. C'est une considération psychologique.

Pour affirmer les principes républicains en toutes choses, on a inconsidérément mis du suffrage universel à toutes les sauces, il s'ensuit qu'on rencontre dans tous les organes publics nés de l'élection au suffrage universel le même relent de confusion, de gâchis, de désordre par l'accès facile aux intrigants, aux désœuvrés qui n'ont d'autres moyens pour se créer une situation que d'embrasser la carrière de pitrerie politique, qui a pris naissance par les difficultés sociales causées par le Capitalogre, et qui les empirent en introduisant dans les assemblées un esprit néfaste de parti pris d'opposition orienté vers la démagogie qui ne raisonne pas.

Le suffrage universel ne peut s'appliquer à toutes les élections, il est nécessaire et indispensable à la grande politique française pour la nomination du Président de la République et pour celle des Députés, représentants du peuple, un point c'est tout. Pour ces deux élections, les électeurs sont instruits et guidés par la grande voix de la presse, ils sont éclairés comme le sont les membres du jury, et leur vote a quelque chose de sentencieux.

Les autres élections sont toutes différentes, même entre elles; elles sont pour un rouage absolument administratif, pour nommer, le mot l'indique, des conseillers pour les intérêts départementaux, arrondissementiers et municipaux. Il ne doit pas être question de politique, et moins encore de programme. C'est de la compétence que l'on demande à ces personnages pour être conseillers, ces élections sont donc des élections de compétences, tout comme celles des membres des Chambres de Commerce et des Tribunaux de Commerce, elles sont naturellement restrictives en ne s'adressant qu'à des éléments particuliers, candidats et électeurs. C'est par consécration des élections de compétence, que les électeurs sont de la même catégorie que les élus.

C'est ce principe qui se retrouve dans les élections aux différentes Académies littéraires et scientifiques, ce sont les académiciens qui élisent des membres d'illustration semblable à la leur, pour compléter leur docte compagnie.

Pour démontrer l'incompétence du suffrage universel dans les élections municipales, un seul exemple suffit. Supposons un village de cultivateurs dont ceux-ci emploient une certaine quantité d'ouvriers agricoles. La loi du nombre fait que les dits ouvriers agricoles constituent la majorité des citoyens du village, la mairie et les fonctions municipales leur sont acquis de droit, l'élection les leur donne. Les employeurs, propriétaires terriens, qui ont des intérêts fonciers et de tous genres à protéger et à défendre, deviennent les administrés de leurs ouvriers, qui naturellement, ne pensent pas de la même manière, on en voit facilement les conséquences. Et quand, parmi le nombre des ouvriers agricoles, il y en a quelques-uns fraîchement naturalisés, par intérêt bien entendu, ces ex-étrangers ayant naturellement un état d'esprit très différent du nôtre, la situation est pire.

N'y a-t-il pas eu en 1926 dans une petite commune du Var, à Brignolles, une grève électorale pour les élections municipales, qui avait des raisons dans cet ordre d'idées. Des fonctionnaires de la Préfecture ont dû être désignés pour remplir les fonctions municipales.

Que l'on s'étonne, alors, du découragement qui envahit toutes les consciences, de ceux qui possèdent peu ou prou, qui sont l'âme de la France.

Il est de notre devoir d'insister sur le bien-fondé de nos réformes électorales, qui apportent des changements tels, qu'ils pourraient, à tort, être considérés comme des atteintes aux prérogatives du peuple souverain. Non, loin de nous l'idée de retrancher une parcelle de ses droits, tous nos efforts tendent à lui ouvrir toutes grandes les portes de l'existence facile, à préparer un avenir pratique pour tous les citoyens, en cherchant dans le théâtre de la vie, le rôle qui convient à chacun, et ce rôle ne peut exister que dans l'ordre et dans la méthode. Et, dans l'intérêt des bons principes, nous devons avouer que l'intervention populaire dans les trois conseils en question, est absolument déplacée.

Le papa Wallon, pour faire adopter sa Constitution par l'élément républicain réformateur de l'époque, avait joué du suffrage universel sur tous les tons, sauf pour ce qui touche le Sénat, il n'avait véritablement étudié que la combinaison politique de cette haute asemblée, et c'est, il faut le reconnaître, l'unique chose sensée qui émane, et qui doit rester de sa Constitution. Il avait prévu que la Chambre des Députés était susceptible de variations sensibles de politique, suivant les élections populaires et les évolutions successives, et dans l'esprit de sa Constitution, le Sénat était institué comme modérateur, de manière que l'évolution normale soit sans à-coups et sans apporter des perturbations violentes.

Le Sénat, tel qu'il est compris, est la sage institution de la République, il est forcément progressiste, il ne peut être autrement, et, précisément, par le fait de son origine, son rôle consiste à obvier aux emballements possibles des Députés, dont quelques-uns ont parfois l'impulsion irréfléchie de la jeunesse, et dont les conséquences pourraient être désastreuses pour la société.

Tous les éléments constitutifs de la société ont besoin d'être protégés, tous les partis ont leur raison d'être, et doivent être respectés; il n'est pas admissible qu'ils soient absorbés ou anéantis par l'unique volonté du nombre, par l'effet de la fourmilière s'instituant en droit.

Le Sénat est tout indiqué pour la saine logique du droit humain, qu'il ne faut pas confondre avec le droit tout court, et pour que son autorité ne soit pas entamée, il est nécessaire qu'il soit toujours le représentant des partis modérés, élu au suffrage restreint, (la grande pensée de Wallon); les différents Conseils départementaux, arrondissementiers et municipaux, devant être modifié dans le sens qui leur sont propre, contribueront à renforcer son autorité.

Quelques personnages politiques inconscients émettent l'idée de réformer l'élection du Sénat en lui appliquant le suffrage universel, c'est de l'incohérence. Il est entendu que le Sénat existe par son élection spéciale, il correspond à la Chambre des Lords d'Angleterre, il continue sous une forme républicaine l'ancienne Chambre des Pairs, et il est très naturel, et surtout logique, que l'état d'esprit de ses membres ne soit pas en tous points identique à celui des Députés, l'origine est différente. Lui donner la même origine, au suffrage universel, serait faire avec la Chambre des Députés, deux assemblées de même nature, un double emploi; alors, si l'on devait en arriver là, il serait plus logique de le supprimer purement et simplement. Et cela est impossible. Dans tous les pays du monde, il existe les deux Chambres égales aux nôtres, pour se compléter et se corriger mutuellement, elles sont une nécessité nationale psychologique.

En résumé, si les élections constituent la forme la plus rationnelle de nommer des personnages pour un rôle déterminé, il ne s'ensuit pas qu'elles doivent être uniformes, elles sont sujettes à des modalités différentes suivant les cas; si le suffrage universel est indiqué par l'élection du Président de la République, comme représentant légitime de la France, et par ceux des Députés, comme représentants du peuple, on doit avoir recours aux élections de compétence ou de similitude pour toutes les autres, et nous le répétons avec force, que c'est par manque de réflexion qu'on a appliqué le suffrage universel aux élections départementales et communales, où des administrateurs éprouvés sont nécessaires; les patentés, seuls, répondant à la fonction, il en ressort la formule « patentés élus par patentés ».

Chacun son métier... a dit La Fontaine, on peut le paraphraser en disant : Chacun dans le rôle qui lui est propre, tout ira bien.

⁂

5. *Réforme de l'unité monétaire trop faible Adoption du « Francor »*

Bien que le franc, issu du système métrique et décimal, que nous avons adopté comme unité monétaire, ait toujours été considéré comme une valeur trop petite, notre prospérité commerciale et notre situation financière d'autrefois, firent bon marché des critiques, mais aujourd'hui, les circonstances sont autres, et nous obligent à revenir sur ce chapitre.

Les différentes nations d'Amérique et d'ailleurs, qui adoptèrent notre système décimal ou plutôt centésimal pour la monnaie, comprirent l'erreur initial de notre système monétaire, et pour la corriger, elles prirent une unité cinq fois plus élevée, et, la fractionnèrent également en centièmes; l'une la dénomma « dollar » et les centièmes « cents », d'autres la dénommèrent « peso » (prononcer pesso) et les centièmes « centavos », d'autre « piastre », etc. L'appellation n'a aucune importance, mais l'unité monétaire étant élevée, les centièmes ont conséquemment une valeur appréciable, et la pièce infime, qui représente cette valeur modique, a cours dans le commerce.

Chez nous, notre pièce infime est le centime que l'on n'utilise pas, c'est une monnaie illusoire.

Le commerce, du point de vue « marchand », c'est-à-dire dans ses relations avec le peuple, n'a jamais considéré le centime comme existant, les prix ont toujours été basés sur le minimum de 5 centimes, et établis par multiples de cinq ; cela indique clairement que la valeur du centième de notre unité monétaire est insuffisante, et qu'elle doit être cinq fois plus élevée.

Ainsi le veut l'usage qui fait appeler les 5 centimes « un sou », les 10 centimes « deux sous » et ainsi de suite, cette numération en « sous » est la plus sensée numération monétaire, la seule logique et compréhensible, surtout pour les étrangers, lesquels voyant affichés un objet à 95 centimes et auxquels on dit ensuite 19 sous, ne comprennent pas, c'est une mathématique compliquée, un casse-tête chinois. Si au marché, ou dans la rue on leur parle de 38 sous, de 57 sous, cela devient un problème, combien faut-il de francs et de centimes pour payer ces sommes-là ? Et ils pensent avec raison que notre système fractionnaire est absurde.

Donc, en substituant à l'atomique centime le sou molléculaire en qualité de centime, par ce point de départ nous arrivons à la pièce de « cent sous » comme unité monétaire, la pièce ou sa valeur que, en langage populaire, on appelle une « tune »; alors, cette nouvelle unité monétaire, pour la distinguer de l'ancienne, on pourrait la dénommer « Francar », mot dont la racine indique son origine et sa nationalité.

Il est à noter que pour cette modification monétaire, nous sommes devancés par la Belgique qui a adopté une nouvelle monnaie 5 fois plus élevée, appelée « Belga », établie à base « or », qui servira d'abord aux règlements internationaux, et sera ensuite mise en circulation sur son marché national.

Avec de tels précédents, on pourrait admettre les mêmes dispositions pour le « Francar ».

Le système centésimal est respecté, et notre monnaie se trouvera à l'unisson avec celles d'une grande partie des nations du monde, et simplifiée pour son usage sans question d'habitude ni d'effort d'intelligence, et les étrangers, accoutumés à cette simplicité monétaire, n'auraient plus à se plaindre, surtout si on adopte leurs types divisionnaires très pratiques de 50 sous (1/2 francar), de 25 sous (1/4 de francar), de 10 sous (décime), 5 sous et 1 sou. Cette série est celle des Etats-Unis et de toutes les nations de l'Amérique.

Les avantages de cette unité monétaire de « 100 sous » sont très importants :

1° Le centime et le sou symbolisent deux manières de compter qui ne s'accordent pas, l'une d'elle est de trop. Tout le petit commerce d'alimentation, les ménagères et le peuple en entier se sont prononcés depuis toujours en n'utilisant uniquement que la méthode du sou, malgré les lois, parce qu'elle est plus commode, on compte de tête plus facilement. Le petit marchand, psychologue à sa manière, la perpétue avec sagesse, il n'offre pas sa marchandise à 40 centimes, comme le dit l'affiche, c'est un gros chiffre, il l'annonce à 8 sous, ça paraît plus modeste, et cela lui réussit.

2° La valeur du sou (centième du francar) étant celle d'une monnaie circulante, toute la numération de 1 à 99 devient employable dans le commerce et annihile l'abus commercial que fait naître l'irrationnelle graduation de 5 en 5 de nos centimes, qui contribue à la vie chère ; par exemple, une augmentation insensible de 1 fr. ou 1.50 soit à l'hectolitre, soit au quintal, se traduit par 1 centime ou 1 1/2 à l'unité de mesure ou de poids de la marchandise, ces chiffres ne sont pas réalisables dans le commerce de détail, on en exige 5 au public. Il est extrêmement rare que les prix de gros, les droits et les impôts sur les marchandises se terminent par 5 ou par 0, pour être strictement payés au centième en notre monnaie coutumière, le commerce ne s'en soucie pas, il table sur le 0 ou le 5 immédiatement au-dessus, et le prix est forcément majoré de quelques centimes. Et, comme nous l'avons malheureusement vu à la chute du franc, chaque mouvement en bourse amenait une légère hausse correspondante de la marchandise, mais chacune de ces légères hausses apportait avec elle une petite majoration supplémentaire, conséquences de la graduation de 5 en 5 centimes de cette monnaie dérisoire ; ces majorations supplémentaires répétées ont contribué à faire la vie plus chère qu'elle aurait dû être réellement. On s'en est rendu compte par le prix du pain que, s'il n'était l'objet d'une vigilance attentive par les préfectures, nous paierions incontestablement moitié plus cher.

3° Quelles que soient les causes profondes de la déchéance du franc, nous sommes en ce moment, et pour longtemps, en présence d'une unité monétaire dont la puissance d'achat est quasi ridicule, l'impression publique est pénible et les effets sociaux en sont désastreux. Pour éviter un plus grand désarroi, pour lui mettre un barrage, une mesure efficace, dont on ne se rend pas compte, est dans la concentration monétaire, dans la réunion de 5 unités actuellement avilies pour en former une nouvelle qui aura, au moins, une valeur appréciable. L'attention étant attirée par la valeur plus importante, l'espérance, la confiance et la quiétude renaîtront.

4° Nos marchandises ne seront plus cotées par un chiffre épouvantail, mais par un chiffre cinq fois moindre ; c'est une question de présentation commerciale qui a son importance.

5° Il est dans la nature humaine de considérer

l'unité monétaire comme un minimum digne d'intérêt, dont on fait cas, parce que : nombre entier ; ce qui vient au-dessous, c'est-à-dire les fractions, ne profitent pas de la même attention, il s'ensuit que, avec la nouvelle unité, l'on n'attachera pas plus d'importance à 50 sous, à 25 sous que l'on n'en attache actuellement à nos centimes, et ces fractions fileront également dans le commerce avec la même aisance, le commerce en sera d'autant plus florissant. On proteste avec véhémence pour une chose de 1 fr. 20, comme pour le lait, par exemple, parce que les 20 centimes excèdent l'unité qui appelle l'attention, et plus tard, on trouvera tout naturel de payer 24 sous, cette quantité étant moindre que l'unité ; cela semble bizarre, et cependant cela est. Dans les grands magasins, l'appel de l'affiche de 95 centimes faisait et doit faire encore des prodiges, le public oublie momentanément qu'il ne manque que 5 centimes (un sou) pour parfaire l'unité, en Amérique, c'est la même chose pour des objets affichés à « 99 cents » (un dollar moins un sou), c'est peut-être une des multiples raisons de l'immense prospérité des Etats-Unis.

Une remarque au sujet des billets de banque américain, est, que quelle que soit leur valeur, ils sont tous de la même dimension. C'est une commodité de tous les points de vue.

A l'adoption du « francar », les échanges des billets de banque devant être faits dans un délai fixé par les Chambres, la trésorerie pourrait faire état de la différence considérable, énorme, dont cet échange donnera lieu par la perte ou disparition des billets dans les différents sinistres mondiaux, et dans ceux particuliers qui se sont produits depuis l'époque d'un recensement analogue, lesquels billets, pour cause, ne seront pas présentés pour être échangés ; et ceci ne peut nullement porter préjudice à la Banque de France, dont on pourra établir le bilan irréfutablement exact.

L'élévation de la valeur de l'unité monétaire de 1 à 5 produira pour la somme globale une diminution de la quantité de billets dans la proportion inverse, c'est un avantage, et une économie appréciable pour la Banque dans la réfection des billets, et dans la suite, pour les émissions.

L'application de ce système monétaire ne peut apporter aucune perturbation ni le moindre changement dans notre économie sociale, les chiffres seuls changent par le fait de leur valeur quintuplée suivant celle du « francar », dont le pouvoir d'achat apparaitra comme 5 fois celui du franc actuel ; les prix, par contre, apparaîtront comme 5 fois moindres : telle chose qui valait 40 centimes, vaudra 8 sous, telle autre qui valait 3 fr. 80 vaudra 76 sous, un employé qui gagnait 850 fr. gagnera 170 francars, un loyer de 1.200 fr. sera de 240 francars, une automobile de 10.000 fr. vaudra 2.000 francars, et l'effarant budget ne sera inscrit que pour un chiffre correspondant au cinquième de celui actuel.

En un mot, tout se résume en une contraction monétaire, et il est présumable que ce changement n'occasionnera pas plus d'ennui que n'en ont occasionné l'adoption logique des 24 heures journalières, au lieu des 12 heures de jour et des 12 heures du soir, et l'adoption de l'heure d'été par l'avance temporaire de une heure, pour raison d'économies.

Cette réforme très simple n'est pas pour nous donner des illusions, non, elle donnera des résultats certains, et si nous arrivons à doubler le cap financier, comme il faut l'espérer, nos petits enfants pourront, peut-être un jour, voir le francar égaler le dollar.

*
* *

6. *Réorganisation de la Caisse Nationale des Dépôts et Consignations*

La Caisse des Dépôts et Consignations doit être réformée ou arganisée à l'effet d'être une institution financière pratique au service de l'Etat. Nous n'avons pas besoin de nous étendre sur ses avantages, ils sautent aux yeux, nous pensons qu'elle sera une puissante auxiliaire à la trésorerie.

Comme nous le verrons plus loin, les fortunes personnelles ou familiales et le Capital seront limités à un chiffre déterminé, les excédents de ces fortunes devront être immédiatement répartis aux héritiers, s'ils sont majeurs, et versés à cette Caisse des Dépôts et Consignations s'ils sont mineurs. A ce sujet, et pour une infinité de raisons, il y aurait lieu de modifier l'âge de la majorité, pour les citoyens des deux sexes, en la portant à 25 ans ; à celui actuel de 21 ans, les intéressés sont réellement trop jeunes pour avoir des responsabilités.

Ici, il faut ouvrir une parenthèse. Il est bizarre qu'on ait adopté l'âge de 21 ans pour celui de la majorité ; personne n'ignore que ce jeune âge est encore celui de l'adolescence, et que les jeunes majeurs, entrant dans l'existence avec quelques ressources, sont bientôt victimes des aigrefins de toutes catégories. Est-ce que par hasard cette loi de la majorité à l'âge tendre, aurait été inventée pour le seul profit des faiseurs de dupes, Capitalogres de mauvais aloi ?

Si c'est une bonne action de s'intéresser et protéger l'enfance, ce n'en est pas une moindre de protéger la jeunesse, dans ce qu'elle a de dangereux, à l'époque des illusions. L'âge positif de la virilité, de tous les ponts de vue, commence à 25 ans ; à cet âge, l'homme est réfléchi, et peut entrer dans la lutte pour l'existence.

La Caisse des Dépôts et Consignations recevra pour le compte des mineurs, les fonds qui leur sont destinés, lesquels rapporteront un intérêt dont le taux sera désigné par les parlements ; ces fonds seront remis, capital et intérêts, à ces héritiers à leur majorité, c'est-à-dire lorsqu'ils atteindront 25 ans.

S'il s'agit d'immeubles ou de biens-fonds, l'institution se substituera aux notaires dans la partie positive et matérielle, pour les faire valoir, s'il y a lieu, et prendra les dispositions utiles pour préserver les intérêts des ayants-droit. La raison de cette mesure est de séparer les biens des mineurs de ceux de leurs tuteurs naturels qui ont déjà entre leurs mains le maximum légal de fortune.

La limitation du Capital et de la fortune, comme nous l'entendons, est une condition immuable dont le chiffre ne doit pas être dépassé sous aucun prétexte.

Tous les fonds, des caisses syndicales, des sociétés ou groupements de tous genres, des caisses de pensions civiles, voire même les fonds spéciaux affectés aux caisses de retraites des Compagnies seront déposés à la Caisse des Dépôts et Consignations pour être affectés au service de la rente démocratique.

Les fonds syndicaux sont généralement des

fonds de prévoyance pour les luttes économiques du travail contre le capital, par notre organisation sociale, les différents conflits devant être applanis sagement et équitablement, comme nous le verrons plus loin, ces fonds de guerre économique n'auront plus de raison d'exister.

Tous ces fonds disséminés, constituant un Capital inimaginable (un groupement seul, celui des cheminots dépassant 70 millions), formeront le noyau des ressources nationales aux rentes pour tout le monde à la limite d'âge, comme il est indiqué au chapitre 12 (Suppression de toutes les rentes de retraite de l'Etat, étant toutes abusives, et leur remplacement par une démocratique allocation de subsistance, laquelle sera étendue uniformément à tous les citoyens de la nation à la limite d'âge).

Dans un autre ordre d'idées, on pourrait profiter de la Caisse des Dépôts et Consignations pour régulariser la sempiternelle et abusive question des loyers d'avance ou des dépôts de fonds en garantie de loyers, ou de jouissance d'immeubles, dont MM. les propriétaires et capitalistes ont toujours exigé le versement entre leurs mains.

Ces fonds imputables aux derniers mois du bail, c'est-à-dire, qui auront leur application dans un délai énorme de plusieurs années, est un emprunt forcé à long terme. Le propriétaire se sert de ces fonds, lesquels, en définitive, ne lui appartiennent pas. Les parlements, après des réclamations de plus d'un siècle à ce sujet, ont fini par introduire en la loi du 1er Août 1926, un certain article 22 qui oblige le propriétaire à payer l'intérêt de ces sommes payées à titre de loyers d'avance ; mais, malheureusement, cette mesure de satisfaction au locataire n'est qu'apparente, comme toutes celles qui ont l'air de toucher le Capitalogre, celui-ci a toujours une porte de sortie, et plus tard, il récupérera avantageusement les débours qu'on lui impose, par une augmentation du prix du loyer. « C'est écrit » comme disent les arabes. Le Capitalogre ne perd jamais.

Ces fonds sont en garantie ; logiquement, ils devraient être déposés quelque part, alors, à la Caisse Nationale des Dépôts et Consignations, et les intérêts, bien entendu, reviennent au locataire ; ces fonds étant une partie de son capital ; et la Caisse Nationale les restituerait à l'époque où ils correspondraient au paiement du loyer. Cette Caisse Nationale aura le mérite de faire cesser ce séculaire abus.

On ne peut s'imaginer la quantité de centaines de millions, qu'il existe dans ces conditions arbitraires, en France et dans les Colonies, entre les mains des propriétaires, à titre de loyers d'avance, pour des affectations à longues dates.

En outre, c'est encore le rôle de la Caisse des Dépôts et Consignations, son nom l'indique, de recevoir les sommes versées en dépôts aux Compagnies de Gaz, et d'électricité, et de toutes les industries qui exigent des versements en garantie de leurs clients.

Il en est de même des sommes exigées comme caution en garantie de gestion dans le commerce, l'industrie, et même entre particuliers.

Dans ces conditions, la Caisse Nationale des Dépôts et Consignations remplirait le rôle d'une banque en utilisant les disponibilités au profit de la trésorerie. Les fonds toujours en mouvement produisent, naturellement quand on sait les faire produire, c'est le secret professionnel du banquier, qui connait les spéculations infaillibles ;

mais, l'Etat n'a pas à rechercher les spéculations, il n'a pas à s'enrichir, il n'aura qu'à profiter du disponible, ayant, pour les remboursements, quand ils doivent avoir lieu, des ressources infiniment plus sûres ; et le mouvement des fonds lui sera plus profitable que celui produit par les bons de la Défense Nationale, en raison des délais de remboursements plus espacés.

*
* *

7. *Limitation de la Fortune personnelle et du Capital*

Tout en rejetant la théorie de Proudhon « que la propriété c'est le vol », de profondes réflexions conduisent à reconnaitre que les fortunes sont des agglomérations de valeurs molléculaires prélevées sur les masses, par suite, on arrive à cette conclusion, que les fortunes se créant au détriment des masses, la richesse engendre la pauvreté, quand les dunes s'élèvent, des creux se produisent.

Nous avons vu, par ailleurs, que les fortunes excessives et les capitaux énormes, par leur puissance d'attraction, attiraient à eux les ressources des masses comme l'aimant attire la limaille de fer, et que, par conséquent, ils constituent un obstacle insurmontable, non seulement au bien-être du peuple dans son ensemble, mais que méthodiquement, il l'appauvrissait chaque jour davantage. C'est notoire.

Il importe donc de supprimer les grandes fortunes et les capitaux immodérés ; il ne faut plus de millionnaires, qui sont incontestablement les corrupteurs de la civilisation et la cause du désordre social. Le démocratie n'admet plus le luxe tapageur, inutile et démoralisant.

Nous avons vu également que le capital modéré avait un effet moral, qu'il avait la vertu de stimuler les meilleures qualités de l'homme en devenant un but facile pour le plus grand nombre ; donc, il est nécessaire de fixer les limites où le capital cesse d'être bienfaisant ; point que nous appellerons « maximum de capital ».

Il y a lieu de supposer, et nous croyons que tous les citoyens de la Nation l'estimeront ainsi, que limiter à *cent mille francars*, monnaie national future, concentrée à 5 pour 1 (ce qui équivaut à 500.000 fr. actuels) le maximum de la fortune personnelle ou du capital d'un individu, ou d'une famille constituée, c'est être dans les limites raisonnables d'une conception véritablement démocratique.

Il ne faut pas perdre de vue, que le capital, quel qu'il soit, apporte avec lui une force d'impulsion qui pousse à l'ostentation, à la domination et à la lutte, et que moins son maximum sera élevé, moins il sera dangereux pour autrui, et plus il laissera à la multitude des gens modestes et économes, et à ceux qui vivent de négoces, la chance de se constituer une honnête aisance, qui, d'abord leur rendra la vie agréable, et ensuite, leur sera nécessaire quand la limite d'âge les obligera à la retraite ; il ne faut moins perdre de vue, que tous nos efforts, dans cette conception démocratique, tendent à nous rapprocher le plus possible de l'Egalité, en ce qui est humainement possible, par la valeur individuelle de chacun.

La fortune personnelle ou familiale comprend : le numéraire, les valeurs diverses, les immeubles,

les meubles, les objets de valeur, les bijoux, en un mot, toutes choses réalisables.

La dot de la femme et ses biens, quel que soit le régime matrimonial, doivent être joints à l'actif du mari pour l'évaluation de la fortune familiale.

Si la fortune familiale est supérieure au maximum ci-dessus énoncé, l'excédent sera réparti aux enfants en parties égales. La part correspondante aux enfants majeurs (de 25 ans et au-dessus) leur sera remise immédiatement, et celle correspondante aux enfants mineur sera remise à la *Caisse Nationale des Dépôts et Consignations* au nom du chef de famille en attendant la majorité de ses enfants.

Après la mort du père, sa fortune sera répartie entre ses enfants et sa veuve, qui aura une part égale à celle d'un enfant, en tenant compte toutefois que l'héritage, ajouté à la fortune personnelle de chacun des ayants-droit ne doive jamais dépasser le maximum de capital sùs-indiqué.

Contrairement à la loi sur les héritages, pour respecter le droit des femmes, trop longtemps méconnu, la veuve, même sans enfants, quel que soit le régime matrimonial, doit être considérée comme seule héritière. Il est temps de rompre avec ces vieilles et injustes coutumes des temps barbares féodaux, qui méconnaissaient trop souvent les droits de l'épouse, en considérant que l'homme prenant femme, crée avec elle, comme associée, un foyer auquel il attache sa vie et ses intérêts, desquels intérêts, la veuve, comme associée, devient titulaire. La famille du décédé n'a plus rien à voir dans les intérêts du foyer qu'il s'était créé ; le fait seul du mariage indique le courant social, et comme les eaux, les intérêts sociaux ne remontent pas le courant. Si les enfants mineurs son titulaires de biens, soit en valeurs, soit en propriétés de rapport, et que le père fasse usage du revenu en qualité de tuteur, leur valeur doit également figurer au compte de la fortune familiale. Si le chef de famille ne doit pas faire usage des dits revenus, les biens et leurs revenus devront être consignés à la Caisse Nationale des Dépôts et Consignations jusqu'à la majorité des titulaires. S'il y a plusieurs titulaires mineurs, et que les biens ne puissent être divisés, il sera procédé à une liquidation d'office, pour que la Caisse des Dépôts et Consignations puisse remettre à l'enfant devenu majeur (25 ans) la part qui lui correspond, et réserver celles des autres, encore mineurs.

Dans la situation d'un ménage sans enfant, les excédents de fortune familiale doivent être remis dans leur intégralité à la Caisse Nationale ; s'il n'y a pas d'héritiers présentement, il peut en naître, et ce n'est qu'après la mort du chef de famille que la liquidation aura lieu.

L'obligation de verser à la Caisse Nationale l'excédent du maximum de capital n'est pas une spoliation, les fonds appartiennent toujours à la famille, et y retournent dans leur descendance, les ayants-droit, dans la limite du chiffre indiqué, et, même, le propriétaire du dépôt, chaque année, après la déclaration de son capital, pour l'établissement des impôts respectifs, pourra, si la fortune lui a été adverse, retirer de la dite Caisse Nationale la quantité correspondante à celle qu'il aurait perdue, pour parfaire le maximum.

Au décès d'un chef de famille, dont les enfants auraient joui d'une répartition par suite d'excédent de fortune, même que cette répartition aurait procuré à chacun d'eux le maximum de fortune, il sera fait une nouvelle répartition en parties égales, dont une pour la veuve. Si les fonds de cette répartition procurent un excédent aux ayants-droits, les dits excédents seront remis à la Caisse Nationale, à leur compte particulier pour être plus tard, au profit de leurs enfants respectifs, à leur majorité. La majorité, par conséquent, donne droit à l'enfant d'exiger la part qui lui revient des fonds déposés au compte de son père, dans la Caisse des Dépôts et Consignations. Ceci ne veut pas dire que tout individu soit obligé de faire une liquidation au profit de ses enfants, à leur majorité, non, chacun conserve son bien jusqu'à sa mort, comme cela a toujours eu lieu ; l'excédent de fortune seul, est reversible à la majorité des enfants.

Naturellement, les fonds remis à la Caisse des Dépôts et Consignations ne sont assujettis à aucun frais ni impôts, au contraire, ils sont productifs d'intérêts, qui s'accumuleront, pour être versés avec le principal aux ayants-droits, le cas échéant; mais les fonds versés aux héritiers ou aux bénéficiaires, seront immédiatement passibles des droits sur les héritages.

Le but à atteindre est de ne laisser entre les mains d'un individu ou d'une famille une somme supérieure au maximum légal, laquelle somme, nous le répétons, est suffisante pour faire vivre une famille, très largement, et son objectif, n'est pas de spolier les familles, mais de limiter leur avoir par corrélation avec le pur esprit de démocratie.

Dans l'avenir, les unions n'auront lieu que sous le régime unique de la communauté, le régime dotal et les séparations de biens ne devront plus exister ; toutes ces réticences conservatrices d'une autre époque, qui ouvrent la porte aux duperies sociales doivent disparaître.

Pour la mise en pratique de la limitation des fortunes familiales et du capital, une question délicate reste à résoudre, c'est celle de la propriété foncière ; sa valeur a augmenté considérablement, au-delà du change, qui est toujours le bon prétexte, et dont les loyers et les exigences locatives font apparaître M. Vautour plus vautour qu'autrefois.

Dans tous les temps, les lois ont spécialement protégé la propriété, c'était logique pour l'époque passée, de tous les points de vue ; tous les éléments sains de la société n'avaient pas à en souffrir, les propriétaires faisaient valoir leurs immeubles à un taux normal, et les loyers étaient acceptables. Aujourd'hui, les temps ont changé, la vie chère engendre la misère dans tous les foyers, et le facteur le plus important de la vie chère, qui la rend insupportable, parce que c'est le gros morceau, est, sans contredit, le prix exagéré du logement. Le propriétaire a une multitude de raisons à invoquer, nous les connaissons toutes, elles sont du domaine de la plaidoirie, les circonstances atténuantes ne peuvent lui être accordées. Mieux vaut qu'il avoue que, usant du droit de « la liberté du commerce » et du jeu de « l'offre et de la demande », qui font son bonheur, il n'a pas à s'occuper du malheur des autres, même quand « les autres » c'est tout le monde ; il loue au plus offrant et dernier enchérisseur. Il ajoute aux difficultés sociales son lot de misères péjoratives qui assome, qui anéantit. Des lois spéciales ont bien été votées, mais, elles sont comme généralement toutes les autres, qui visent le Capitalogre, d'une efficacité très, très relative ;

car tout le monde n'est pas entiché de la procédure, et n'en a pas les moyens.

Le franc papier qui est notre monnaie nationale, bien que sa valeur en soit avilie par la tourbe des Capitalogres internationaux, doit être à la base de toutes les opérations intérieures, avec sa valeur représentative et non effective. Tout le commerce en entier a contribué à l'avilissement de notre monnaie en se servant du prétexte du change ; dans cette course effrénée aux augmentations (vive la liberté du commerce), du haut en bas de l'échelle mercantile, chacun, même l'humble commerçant, derrière son comptoir, y a contribué en voulant, comme on dit vulgairement « y mettre un doigt », pour en profiter un tantinet. C'est bien humain ! Faisons notre mea culpa. Et le propriétaire, qui a l'esprit mercantile parfaitement développé, ne devait pas être en retard pour suivre le mouvement.

Il ressort de tout cela, que ce désordre social, né d'un mercantilisme occasionnel, n'est pas irréparable. Pour refaire la société sur des bases solides, il n'y a pas d'autres moyens que d'envisager des sacrifices nombreux et naturellement par ceux qui sont à même de les faire, c'est-à-dire par ceux qui détiennent les ressources qui constituent la richesse de la France ; et le but sera atteint en forçant le pouvoir d'achat du franc. Toute autre considération constituerait des atermoiements inefficaces, la consomption, et la mort.

Ce sera une sauvegarde contre l'emprise étrangère, et surtout contre l'action néfaste des monnaies à change élevé, qui nous épuisent ; et puis, qu'on le veuille ou non, on sera, un jour, obligé d'en arriver là, mais probablement, ce sera trop tard, le peu d'or, qui nous reste, aura pris le chemin des Etats-Unis, qui, actuellement possèdent la moitié, exactement, de ce qu'il en existe dans le monde entier.

Nous évoquerons une fois de plus le vieil et indiscutable adage français « Aux grands maux, les grands remèdes », alors pour guérir ce mal social, il faut un remède énergique, c'est celui d'appliquer une cote mal taillée pour ramener, par voie légale, tous les prix de toutes les marchandises et surtout ceux des immeubles, objet du présent chapitre, à un prix régulier équivalent au double de celui d'avant-guerre, en admettant cette plus-value comme valeur acquise par le temps et les circonstances, c'est-à-dire avec une hausse de 100 %.

Dans cet ordre d'idées, les immeubles, les biens-fonds et les propriétés terriennes devront être l'objet d'évaluations particulières, et leur valeur devra être mentionnée sur un registre de cadastre municipal, lequel sera déposé à la mairie, à la disposition de qui voudra le consulter.

La propriété aura ainsi sa valeur positive. Chaque immeuble dont la valeur sera supérieure au summum de la fortune personnelle ou familiale, ou qui, ajoutée à d'autres éléments de fortune ferait dépasser le chiffre limite, sera mise en actions sous forme de société anonyme sous le contrôle de l'Etat. Les ayants-droit en seront les administrateurs. Il sera naturellement alloué la quantité d'actions aux intéressés pour parfaire leur fortune légale, et les actions restantes seront remises comme il est dit précédemment, à la Caisse Nationale des Dépôts et Consignations au compte des intéressés.

Et puis, en fin de compte, ramener toutes choses au prix d'avant-guerre majorés à 100 %, ne constitue pas une perte, c'est un prêt à long terme à la société, c'est le sacrifice que tous les Capitalistes, avec un grand ou un petit C, tous ceux qui possèdent beaucoup ou peu, sont obligés de faire, pour éviter le naufrage de la société. Tout le monde, sans exception, doit contribuer à cette grande œuvre selon ses moyens. C'est l'argent, l'argent seul le sauveur, les circonstances l'appellent, les circonstances commandent, il faut se soumettre. Il ne faut réserver aucune catégorie de citoyens ; une catégorie affranchie constituerait des indifférents, et le ponce-pilatisme, en l'espèce, serait un crime de lèse-nation, de lèse-humanité.

Revenir impérieusement à des prix modiques, c'est obliger tous les citoyens, tous les français à travailler avec ensemble, à faire front aux obstacles pour gagner progressivement du terrain sur la moins-value de notre malheureux franc, sa puissance d'achat augmentera d'autant, pour arriver peu à peu à ce qu'elle était avant la guerre. Ce sera la grande victoire économique ; les capitalistes de toute envergure et les possédants de toutes conditions qui auront aidé pécuniairement au mouvement, se trouveront un jour remboursés de leurs avances par le franc redevenu au pair. Ce sera long, c'est possible, cependant, moins long qu'on l'imagine, si tout le monde travaille à cette grande œuvre sociale avec courage, avec constance et sans faiblir.

Les obstacles internationaux ! dira-t-on. Plaisanterie ou veulerie. Il y a maintes manières d'y remédier si l'on veut. Il faut vouloir avec énergie. Prenons modèle, sans arrière-pensée sur nos amis les Américains, lesquels, pour les affaires internationales, n'agissent que selon leurs propres intérêts, en rejetant toute espèce de considération. Business et sentiments ne s'accordent jamais disent-ils. Les propriétés étrangères, sur notre territoire, doivent être également sous forme de société anonyme, seule manière de les leur racheter plus tard.

Nous devons rappeler que le chaos social, dans lequel nous vivons, ne peut se prolonger indéfiniment, les discours et les promesses fatiguent, les mesures partielles auxquelles on est voué sont inefficaces, même pour les groupements puissants, qui, à force de réclamer, obtiennent quelque peu, chose qui irrite les autres groupements, qui protestent hautement, d'où désordre et confusion ; tous les palliatifs n'ont qu'un temps, la révolte est dans l'air ; alors, mieux vaut prévenir le cataclysme en faisant individuellement des concessions à une organisation démocratique immédiate, qui sera, non seulement une évolution sociale, mais une espèce de révolution sociale pacifique, que s'exposer aux désordres et aux violences d'une révolution effective, et perdre le tout, surtout, si l'orientation est au bolchevisme, qui guette le moment de son entrée en scène.

***

8. *Spécialisation des commerces, des industries et de tous négoces*

Comme nous l'avons vu, la « liberté du commerce » est devenu l'instrument docile du Capitalogre qui, mettant à profit son apparence trompeuse, est arrivé à faire un nouvel accaparement que les lois ne pouvaient prévoir : l'accaparement des clientèles et des opérations mercantiles, lequel accaparement ne laisse après lui que découragement et misère.

C'est l'effet de la puissance capitaliste, donc, de la *force*, devant laquelle la démocratie s'insurge.

Une réglementaion démocratique doit supplanter cette « liberté du commerce » outil du Capitalogre, pour permettre au plus grand nombre de citoyens de participer dans une certaine mesure, aux avantâges du commerce.

Cette réglementation, c'est la spécialisation des commerces, des industries et de tous les négoces, qui peut s'obtenir ainsi :

Par les soins des Chambres Syndicales, il sera établi la nomenclature de tous les produits connus par catégories, tant en matières premières qu'en objets fabriqués, ces catégories pourront, s'il y a lieu, être réparties en groupes de produits, susceptibles de constituer des commerces ou des industries bien définis.

Les syndicats s'ingénieront, en s'inspirant des statistiques, à ce que ces groupes de produits soient répartis sagement pour que chacun d'eux ait les éléments d'un commerce ou d'une industrie a rendement régulier pouvait faire vivre une famille décemment.

Chaque commerçant, industriel ou fabricant ne pourra exercer qu'un seul commerce, qu'une seule fabrique, à son choix, sans dépôts ni succursales, en France ou aux Colonies ; en un mot, un individu, quel qu'il soit, ne pourra exploiter qu'un seul établissement. Il ne s'ensuit pas qu'il soit fixé définitivement dans la carrière qu'il aura choisie, il pourra, à loisir, changer de commerce, d'industrie ou de fabrique, s'il le juge à propos ; l'objectif est qu'un citoyen n'ait qu'un seul négoce.

La spécialisation des négoces, pour la légion des commerçants et industriels, est le corollaire de la loi de la journée de 8 heures de travail, pour les artisans ; les deux mesures ont la même psychologie, le même but, celui de procurer des ressources vitales au plus grand nombre d'individus.

Les commerçants connus sous la rubrique « commissionnaires en marchandises », dont le commerce est exclusivement d'exportation, que l'on devrait appeler plus exactement « exportateurs », sont les seuls négociants qui pourront commercer avec les fabriques de tous genres et avec les négociants de gros de toutes les branches de commerce pour alimenter leur clientèle variée de l'Etranger. Ils pourront également acheter pour leur propre compte et revendre à l'Etranger et dans les Colonies Françaises, mais ils ne devront, en aucun cas, vendre dans la métropole.

Le Commerce est divisé en commerce de gros (grossistes) et comme de détail (détaillants).

Les fabricants, les producteurs et les importateurs ne pourront vendre leurs produits qu'au commerce de gros, et celui-ci, au commerce de détail, lequel les débitera aux particuliers.

Il sera formé des Syndicats séparés pour chacun des commerces adoptés, c'est-à-dire que chacun des commerces spécialisés doit être protégé par son Syndicat ayant personnalité civile pour actionner devant les Tribunaux de Commerce les négociants coupables de dérogation.

Dans le but d'obtenir le plus de sécurité possible pour les commerçants de détail, il serait logique d'adopter une distance entre deux établissements du même genre, comme il est pratiqué pour les bureaux de tabac.

Pour éviter l'accaparement ou la spéculation, il doit être interdit à tout individu non-établi de faire œuvre de commerce.

Les intermédiaires normaux, tels que les voyageurs de commerce, les représentants et les courtiers de Gros et de Détail, sont nécessaires au Commerce. Dans l'expression « intermédiaires », généralement employée par des commerçants roublards, pour faire allusion à des causes dispendieuses évitées (il est bon de remettre les choses au point) on ne doit pas confondre ces travailleurs, dont les gains modestes ont une répercussion à peine sensible sur les prix de détail, avec les accapareurs ou les spéculateurs ruineux qui sont, eux, les intermédiaires à supprimer.

Donc, les intermédiaires sus-indiqués étant très utiles doivent également avoir leur rôle tout tracé, ceci n'implique pas que les commerçants soient obligés d'y avoir recours. Un commerçant peut être lui-même le représentant de sa propre maison, mais il lui est interdit d'en représenter d'autres que la sienne, pour ne pas porter préjudice à la corporation des Représentants de Commerce.

De même que les patentables, astreints à un seul négoce, les voyageurs et les représentants de commerce appointés ne pourront représenter que la maison qui leur paye les appointements, le salaire justifiant une situation ; mais s'ils travaillent à la commission, ils auront la faculté de représenter autant de maisons et de fabriques qu'ils désireront.

Etant donné que la présente organisation sociale a pour objet de diviser l'ensemble des gains du Commerce dans le plus grand nombre de mains, en donnant le plus possible de chance aux intéressés, on ne doit pas admettre que l'homme et la femme mariée aient chacun un établissement. Il ne doit y avoir qu'un négoce par ménage, au nom de l'un ou de l'autre, même pour ce qui est des industries purement féminines dont l'immense travail décentralisé se trouvera réparti dans des quantités d'ateliers qui végètent actuellement.

Dans les *Colonies*, le *Commerce* est également trop comprimé par des comptoirs établis par les importateurs mêmes, qui *monopolisent*; c'est la raison pour laquelle nos Colonies ne se développent que très lentement. Les importateurs doivent rester dans leur rôle d'importateurs.

Aux Colonies, le Commerce ne peut être spécialisé, il doit être maintenu sous forme de comptoirs, établissements vendant tous les articles utiles dans la Colonie, mais, il doit être réservé aux commerçants qui y sont établis ou qui veulent s'y établir, lesquels commerçants doivent respecter la condition fondamentale du Commerce de la Métropole, celle de n'exploiter qu'un seul comptoir. Plus il y a de commerçants, plus le pays se développe, la concurrence apparaît et stimule le Commerce, par suite, la production.

Les industries ou magasins à commerces multiples devront disparaître dans le délai de cinq ans, et les commerçants qui ont des dépôts et des succursales devront les supprimer ou les vendre séparément.

Dans les villes, les immeubles de ces grands magasins ou grands établissements devront être transformés en maison d'habitation à loyers modiques, dans un délai qui sera ultérieurement fixé par les parlements.

Le Commerce doit être protégé pour que le plus humble boutiquier puisse gagner honorablement son existence, à cet effet, il y a une quantité vraiment encombrante de marchands hétéroclites à supprimer, ce sont les colporteurs et les nomades qui vendent au déballage dans les marchés des marchandises qui n'ont rien à voir avec l'alimentation. Ces commerçants, en marge, du Commerce normal, qui se posent n'importe où, et qui vont de maison en maison, surtout en province et dans les Colonies où ils sont un fléau, vendant le plus souvent des marchandises d'une provenance douteuse, portent un préjudice énorme aux commerçants de l'endroit dans leur champ d'action, lesquels commerçants sont écrasés par de gros loyers et de lourds impôts. De l'ordre et de la méthode dans l'organisation sociale...

Les marchés devraient être exclusivement réservés au Commerce de l'alimentation.

On se plaint dit-on, de l'emplacement qui devient insuffisant pour les besoins actuels de la population, le besoin d'emplacement est encore une raison pour exclure des marchés ces commerçants encombrants. Et, il y a dans le Commerce de l'alimentation des spécialités que l'on pourrait très aisément éliminer sans froisser la susceptibilité des ménagères et porter atteinte à la raison d'être des marchés ; les bouchers, les charcutiers, les épiciers, les marchands de salaisons, et bien d'autres, que l'on est habitué à voir établis dans toutes les rues, ne sont pas d'une nécessité absolue dans les marchés.

Les marchés, en principe, ne devraient être que pour la vente des produits de la terre à l'état naturel, fruits et légumes, des produits de la ferme, de ceux de la pêche et de la chasse, quand elle est ouverte. Les marchés, alors, seraient toujours assez grands. Pas de travaux inutiles. Economies par l'organisation.

Le capital, comme nous l'entendons, étant l'actif indispensable du négociant, doit comprendre : sa fortune personnelle ou familiale, comme il est dit d'autre part, ainsi que les immeubles ou leurs actions, le matériel, les meubles du négoce, les marchandises et la valeur du fonds de commerce qui sera évaluée par une somme égale à celle des bénéfices nets des deux dernières années réunies. Il est naturel que pour l'établissement du capital du début, ce libellé ne figurera pas, mais dès l'inventaire de la première année, pour se conformer aux préceptes, le fonds ayant acquis une valeur par les bénéfices, ceux-ci seront multipliés par 2, pour représenter la seconde année. L'année suivante, sa valeur deviendra normale, la somme des bénéfices de deux années pouvant se faire exactement.

La valeur des fonds de ocmmerce ainsi établie, deviendra normale, et ce principe d'évaluation devra toujours être observé, surtout dans les ventes des établissements. En aucun cas, cette valeur ne devra être altérée, une plus-value deviendrait arbitraire, comme le sont actuellement les valeurs fantaisistes des fonds de commerce, destinées à tromper impunément les acheteurs.

Cette valeur des fonds de commerce, exactement établie, a une importance de premier ordre, d'abord comme appoint de valeur imposable, ensuite, pour la vente des établissements, facultative à toutes les époques, ou obligatoire à celle de la limite d'âge. (Voir chapitre 12, Retraite obligatoire pour tous, par la limite d'âge).

Tous les patentables sont tenus d'avoir une comptabilité régulière en partie double, dont les registres seront légalement estampillés par le Tribunal de Commerce de la région. Sur les livres, le capital ou l'actif sera détaillé comme il est dit ci-dessus.

Tous les ans, il doit être fait un inventaire scrupuleux, relevé sur un livre spécial « Livre d'inventaires » dont les feuillets seront également estampillés par le dit Tribunal de Commerce.

Les sociétés mercantiles, en noms collectifs, en commandites, et anonymes, seront admises comme par le passé, à la condition que le capital n'excède pas le « capital maximum », c'est-à-dire 100000 francars (500000 fr. actuels), et qu'elles se conforment aux principes des paragraphes précédents. Ces sociétés à capital normal ne sont pas soumises au contrôle de l'Etat.

Les grandes industries, comme les mines, les établissements métallurgiques, les compagnies des eaux, d'éclairage, d'électricité, de transport en commun, de chemins de fer, de navigation, d'assurances de tous genres, les banques, les hôtels de luxe, etc., etc., qui nécessitent un capital énorme, celui-ci, comme par le passé, n'est pas limité, mais ces entreprises doivent être sous forme de sociétés anonymes, sous le contrôle de l'Etat. Toutes ces compagnies doivent se conformer aux principes généraux du Commerce ou de l'Industrie, en n'exploitant absolument que l'industrie pour laquelle chacune d'elle est créée. Et les banques, pour se conformer aux mêmes principes, ne devront avoir aucune succursale.

Au sujet des sociétés anonymes dont notre organisation prévoit un grand développement, il y a lieu d'en démocratiser, ou pour mieux dire, d'en rendre leur rendement plus loyaux. En effet, que voit-on dans la majeure partie des sociétés anonymes : des directeurs et administrateurs qui s'allouent des honoraires fantastiques, de 50000, 100000, 200000 francs et même davantage par an, avec, en plus des automobiles particuliers à chacun des administrateurs que l'on voit surtout à la porte des grands restaurants, des spectacles ou des boîtes de nuit, dont les frais grossissent démesurément les frais généraux de leurs établissements, lesquels frais généraux sont déjà formidables par un luxe immodéré et disproportionnel à leur utilité. Il ressort que cet usage d'allocations excessives est plutôt une dilapidation des ressources des compagnies anonymes au profit d'une classe de privilégiés « les administrateurs » et que le rendement de chacune de ces entreprises connues sous le nom de « société anonyme » est quasi illusoire, dont le pauvre actionnaire reçoit un dividende ridicule et quelquefois aucun.

Populo, qui a souscrit avec confiance, est l'éternel estampé.

Ces agissements sont de la famille de l'escroquerie, il est temps d'y remédier.

Les conseils d'administration, généralement formés de personnes étrangères aux sociétés, qui n'existent que pour émarger, toucher d'importants jetons de présence et grever les charges des compagnies, doivent être réformés en remplaçant ces personnes étrangères par des employés supérieurs des dites compagnies, alors ces employés supérieurs, conseillers administratifs, seraient avantagés également par un léger pourcentage sur les bénéfices à l'instar de ceux accordés aux directeurs, comme nous allons le voir.

Cette mesure démocratique indique, en outre, l'échelle d'avancement normale qui doit exister partout où cela est possible.

Ensuite, on devrait admettre comme honoraire à toutes les catégories de directeurs une somme correspondante à celle que reçoit généralement un bon employé, et ce, pour simplement assurer « leur matérielle ». Leurs intérêts découleraient d'un pourcentage sur les bénéfices nets après inventaire annuel, lequel pourcentage serait désigné par le conseil d'administration après avoir assuré un minimum de 6 % aux actionnaires.

Mais, pour rester dans la logique d'une bonne organisation, les résultats de ce pourcentage aux directeurs ne doit en aucun cas être scandaleux, parce qu'alors, comme présentement, il apparaîtrait comme un prélèvement anormal sur les parts des bénéficiaires naturels, les actionnaires, ces sommes doivent être limitées par des maximums dont le plus important ne pourrait dépasser le chiffre des émoluments aux parlementaires.

L'équité sociale, en matières de sociétés anonymes, est de s'intéresser au sort de l'actionnaire, parce que c'est avec son argent qu'elles travaillent.

Tous les patentables et ceux dont la fortune personnelle est sujette aux taxes, feront chaque année une déclaration du capital qu'ils possèdent, à la mairie ou à tout autre lieu désigné par le Ministre des Finances.

Pour ce qui est des maisons étrangères, il y a lieu de prendre des disposition spéciales.

Il est avéré que les maisons étrangères, dont le siège social est à l'Etranger, ont pour résultat de drainer les bénéfices à l'Etranger, leurs maisons en notre pays, n'étant que des succursales, dans lesquelles on ne laisse, comme pour les ateliers, que les fonds strictement nécessaires à leur fonctionnement. Ces maisons étrangères ne contribuent pas à la prospérité de la Nation dans laquelle elles ont pris pied, au contraire, elles l'épuisent ; elles viennent pêcher au filet dans notre domaine commercial et emportent le produit chez elles. C'est international, dira-t-on, et par conséquent, réciproque entre toutes les Nations ; théoriquement, c'est vrai ; pratiquement, c'est faux, c'est un mensonge, un horrible mensonge, qui fait que par ces combinaisons internationales réciproques, nous, français, nous faisons toujours le rôle des Dupés, nous l'avons toujours été, nous le sommes, et nous le serons toujours, si nous ne nous opposons pas avec toute l'énergie dont nous sommes capables pour cesser de l'être.

Pour une poignée de français, ou de maisons françaises établis à l'étranger, nous avons chez nous des milliers et des milliers d'étrangers établis, et de succursales de maisons étrangères ; où est la réciprocité mathématique ? Combien avons-nous de banques françaises à l'étranger pour compenser la quantité de banques étrangères établies chez nous ? On peut être assuré qu'elles ne sont pas en France pour la gloire.

Ces maisons étrangères opèrent en égarant le public français sur la nationalité de leurs articles, les annonces sont souvent sans adresse de résidence, ou alors, celle d'un agent, et de temps en temps, on lit des réclames dans le genre de celle-ci : « *Fabriqué entièrement en France* », ce qui n'indique pas la nationalité, et ce qui démontre que la France ne sert que d'atelier. C'est être par trop naïf, à la fin.

De plus, dans quelqu'endroit que l'on soit, dans les villes, on se butte à des inscriptions étrangères, des enseignes étrangères, que nous ne pouvons prononcer sans être ridicules et faire rire de nous ; et nous nous laissons envahir, accaparer, asservir par l'étranger, par la pénétration commerciale ou par les jeux, qui doivent être anglais, que l'on appelle « les sports » en attendant que ce soit « the sports »,

Pour apercevoir la différence de cet internationalisme équitable, allez, braves gens, à l'étranger, vous ne verrez pas un français, ni un étranger au pays dans lequel vous serez qui se permettra telles licences, cela ne serait d'ailleurs pas toléré, les enseignes sont toutes dans la langue du pays, ou les maisons ou succursales sont établies, et dans beaucoup de Nations, on exige que les comptabilités soient dans ce même idiome national. Toutes ces nations ont raison.

D'autre part, nous lisons dans le « Courrier des Etats-Unis » un article qui doit émaner d'un journal français, intitulé « L'immigration italienne en France », qui nous édifie quelque peu, il y est dit ceci : « Toulouse, 11 novembre (1926).
« Les habitants des départements du Gers et de
« la Haute-Garonne commencent à s'inquiéter sé-
« rieusement de la rapidité avec laquelle les im-
« migrants italiens s'emparent de toutes les terres
« à vendre dans la région.

« On prétend que Mussolini a conçu un vaste
« programme, qui prévoit l'émigration en France,
« dans les cinq ou six années à venir, d'un demi-
« million d'Italiens.

« Ces « colons » sont loins d'appartenir à la
« classe ouvrière pauvre. Beaucoup d'entre eux
« sont plus ou moins fortunés, appartiennent à
« d'excellentes familles, et payent comptant les
« propriétés qu'ils achètent. Mais riches ou pau-
« vres, ils sont aidés et surveillés par le gouver-
« nement italien, qui prend des précautions minu-
« tieuses pour empêcher leur assimilation avec
« la population française.

« Il y a à Toulouse un consulat italien qui
« compte une quarantaine d'employés, une ban-
« que italienne, et un prélat italien qui est chargé

« de diriger les prêtres italiens venus d'Italie pour « pourvoir aux besoins spirituels des « colons ».

« Dans beaucoup de localités de la région, il y a « des écoles italiennes et des magasins italiens où « viennent se fournir tous les immigrés venus de l'autre côté des Alpes. »

Donc il y a lieu d'exiger d'abord, que tous les étrangers, à quel titre qu'ils soient, et ensuite, toutes les maisons étrangères de commerce, établies en France ou dans ses Colonies se conforment strictement aux lois du pays, et de plus, que les enseignes, commerciales ou autres, de leurs établissements, les comptabilités, les circulaires, les annonces et tous les documents qui émanent des dits établissements sur notre territoire, soient en langue française.

***

9. *Suppression des monopoles et des entreprises de l'Etat*

La question des monopoles de l'Etat et des entreprises a été tant discutée, qu'il n'est pas nécessaire de s'attarder sur ce chapitre. A part les personnes qui en font partie, les intéressés et les émargeurs, tout le monde est unanime à déclarer que les monopoles d'Etat et ses entreprises sont des absurdités à tous les points de vue, et indignes d'une République que l'on étiquette « démocratie » ; nous ne retiendrons que l'opinion autorisée des Chambres de Commerce françaises, dont les Présidents réunis le 23 juin 1926, ont émis diverses résolutions, parmi lesquelles, le vœu suivant : « L'assemblée émet à nouveau le vœu que l'ex-

« ploitation des monopoles d'Etat, de caractère « industriel, soit confié à l'industrie privée... »

L'Etat n'est pas fait pour être marchand, fabricant ou constructeur, ses produits sont mauvais, mal faits et trop chers, au prix de revient. Pourquoi ? Parce que, dès lors que le patron c'est l'Etat, l'industrie étatisée devient une pétaudière, et les frais généraux inimaginables.

S'il s'agit de produits marchands, tabac, allumettes, etc, l'esprit d'initiative et de création, qui anime l'industriel en présence d'une concurrence quelconque, n'existe pas, le client, qui est tout-le-monde, est obligé de subir les conceptions douteuses de cet inepte industriel, l'Etat, qui impose autoritairement sa camelotte. C'est à prendre ou à laisser. Et l'on dit : l'Etat français, démocratique ? ? ?

Pauvre populo ! ce qu'on te berne, tout de même !

Les arsenaux ne peuvent lutter avec l'initiative privée, c'est facile à comprendre, mais ce qui l'est moins, c'est qu'on s'obstine à conserver des centres inefficaces et ruineux dans la situation précaire de notre pauvre France, cependant l'Angleterre, première Nation maritime du globe, nous donne une leçon à ce sujet, par la suppression de ses arsenaux, et l'adjudication pour les constructions de ses unités flottantes.

Notre grand Président du Bloc National, avec son nouveau ministère d'Union, toujours Nationale, a bien supprimé des arsenaux, ce n'est hélas, qu'une partie des réformes urgentes dans l'infect gâchis de ces ateliers, dont le patron, l'Etat, est sourd et aveugle ; les partisans de la République des amis, toujours puissants, auxquels il faut faire des concessions, ne permettent pas d'aller « jusqu'au bout ».

Donc, étant irréfutablement démontré que l'Etat est le plus piètre de tous les industriels, toutes les industries qu'il détient, soit en régie, soit en monopoles ou en exploitations quelconques, devront retourner à l'industrie privée. Dans cette conception démocratiquement sociale, absolument opposée aux théories soviétiques, on ne peut admettre que l'Etat empiète dans le domaine du commerce ou de l'industrie qui appartient en propre aux patentables. Les gouvernements des Etats-Unis n'ont jamais eu cette mesquinerie de mauvais aloi d'absorber la moindre branche du commerce ou de l'industrie, qu'ils estiment, avec raison, appartenir à tout le monde; ils ne se reconnaissent que l'unique droit de prélever des impôts.

En conservant les régies, monopoles et entreprises de l'Etat, nous avons conservé, ou plutôt rénové stupidement, l'autoritarisme des régimes les plus reculés de notre histoire, l'apanage se présente sous une autre forme, mais la gent commerçante n'en est pas moins lésée, et le peuple également, par l'incompétence de l'Etat.

10. *Organisation de l'Agriculture*

De toutes les matières de rapport, l'agriculture a toujours été celle dont on s'est occupé le moins.

Durant la guerre, et immédiatement après, où l'on a été obligé de payer les vivres et surtout le blé au poids de l'or, on s'est aperçu que l'agriculture joue un grand rôle dans un pays, on s'est efforcé d'en inspirer le développement par des conseils en des discours, par des livres et des concours agricoles. Il faut rendre hommage aux quelques personnages qui se sont dévoués à cette belle œuvre, et reconnaître les sentiments élevés qui les ont animés, mais ils ont tourné dans le chemin creux de la théorie. Rien de pratique n'a été fait, ni même tenté.

Les grands propriétaires ont pu certainement profiter des conseils, des avis et surtout des méthodes mécaniques modernes, mais les autres ? les terriens moyens et petits, qui existent parce qu'ils ont le feu sacré de la terre, ces agriculteurs, qui sont le nombre, « martyrs de la terre », sont toujours livrés à leurs moyens d'actions plutôt restreints, matériel primitif, d'abord, et ensuite, sans défense contre les accapareurs, qui pullulent dans toutes ls contrées, les tenant amarrés, le plus souvent, par des combinaisons commerciales à relent de duperie.

En outre, la spéculation se donne libre cours sur les produits de la terre et de la ferme, des fortunes se créent ainsi, sur le dos des consommateurs, résultat : vie chère. D'où vient que le prix du blé d'une seule et même récolte, durant un certain temps, a augmenté toutes les quinzaines ? pour, ensuite, séjourner aux prix forts ; et que les prix du lait, des œufs, du beurre et de la volaille suivirent le même mouvement, sans être justifiés par la mercuriale des produits à leur lieu d'origine ? Ces augmentations successives, motivées par l'avilissement du franc, suintent le Capitalogre financier qui, malgré tout, veut que son argent lui rapporte, et soit garanti par l'or anglais ou méricain. La raison de la vie chère ? La voilà : la volonté des acheteurs du stock. Cela s'appelle de l'accaparement.

Un incident, qui s'est produit à la grande foire de la Baline en Saône-et-Loire le 28 août 1926, le démontre surabondamment : Les blés présentés étaient offerts par les fermiers à 215 et 220 francs les 100 kilogs, cours pratiqués normalement, mais peu après, de gros négociants en grains se présentèrent et firent une suroffre à 225 francs. Toutes les transactions durent être faites alors à ce dernier cours, ce qui amena une violente protestation des minotiers et des courtiers présents. Il est évident que si ces accapareurs ont fait un geste de suroffre, ce n'est pas pour en faire profiter les vendeurs, en leur faisant cadeau d'une différence qu'ils ne demandaient pas, on en comprend facilement la portée, c'était pour amorcer la hausse, dont ils devaient profiter eux-mêmes, ayant probablement un grand stock quelque part, qu'ils escomptaient réaliser avec cette même hausse. Effectivement, ils n'opéraient pas isolément, quelques jours plus tard, les journaux annonçaient qu'une manœuvre du même genre venait de se répéter à Nancy, à Metz, et surtout à Bar-le-Duc, où les meuniers locaux n'ont rien pu acheter à la suite de ces suroffres, faites par des négociants étrangers au pays, et dont certains ont des accointances avec les fariniers de la Sarre et des Régions occupées. Ces cas sont ceux révélés, mais combien nombreux sont ceux qui ont passé inaperçus.

Le Capitalogre, nous le répétons, voilà l'ennemi de l'humanité. Par la hausse sur les denrées, qu'il fait lui-même, il établi à son profit, sur toutes les têtes, des impôts colossaux, moins visibles, mais plus énormes que ceux de l'Etat.

D'autre part, le lait est monopolisé par de puissantes compagnies, qui savent se défendre, (des parlementaires protecteurs existent dans certains conseils d'administration de ces sociétés importantes).

Et nos Ministres-Parlementaires inconscients assistent au défilé de ces cours scandaleux sans s'interposer. A quoi servent-ils donc ? Les Parlementaires eux-mêmes, au lieu de s'occuper de l'économie sociale, s'emploient à faire enfler le budget et de discourir contre le Bloc National ! Cela rappelle la révolution de Madero au Mexique, qui a été faite au lemme de « à bas les scientifiques ». C'est de la politique de pitrerie.

O conventionnels de 1792, où êtes-vous ?

Au sujet de la hausse des blés, on lit dans *Le Matin* du 5 juin 1926 : « Il est étrange, dit « M. Ambroise Rendu, de la Commission dépar« tementale des farines, que les blés français se « maintiennent à la hausse, alors que le cours de « la livre a fléchi, et que les cours des blés étran« gers, eux-mêmes, ont subi une baisse appré« ciable. Il y a là une anomalie qu'il appartient « sans doute au gouvernement de faire cesser... »

M. Rendu s'illusionne sur le pouvoir des gouvernements. Ce qui fait la hausse, personne ne l'ignore, ce sont les millions disponibles des banques, des Compagnies d'assurances ou d'autres Compagnies commerciales, dont on ne se doute pas, qui naturellement en combinaison avec les syndicats opèrent habilement et légalement ; accaparement ? C'est un mot facile à contester. Tout le monde a le droit d'acheter du grain, le Commerce est libre (Vive la liberté), la bourse des grains a été créée pour cela, personne n'en ignore le mécanisme, on joue sur les grains, comme on joue sur les valeurs de bourse, par des achats au comptant ou à terme, sans prendre livraison de la marchandise, opération de papier, les joueurs sont connus, les courtiers assermentés les pilotent, ils empochent les bénéfices sur les différences des cours d'un moment à un autre ; si le contraire se produit, qu'il y ait « baisse », ils perdent la différence, mais comme c'est une spéculation de tout repos, la perte est de peu d'importance, tous les capitaux disponibles s'y donnent rendez-vous. Malgré que ces opérations apparaissent en marge du Commerce, elles influencent les cours, elles les faussent en leur imprimant un mouvement artificiel, et l'affluence des preneurs fait inévitablement la hausse. Messieurs les législateurs n'ignorent rien de tout cela, c'est de « la liberté du commerce » dont tout le monde s'énorgueillit, c'est pour la même raison que populo trinque toujours par des hausses à jet continu, conséquences logiques.

Beaucoup de personnes proposent la fermeture des Bourses de Commerce, ce serait une erreur, elles ont besoin d'exister, seulement, mais seulement dans une organisation sociale comme celle que nous préconisons, dans laquelle les Bourses de Commerce, et surtout de grains, ne seront accessibles qu'aux spécialistes de gros, pour y faire leurs achats et leurs ventes de marchandises réelles.

Cela démontre encore la mauvaise organisation de la société actuelle basée sur des « libertés » stupides à l'usage des jongleries des Capitalogres.

Règlementation générale, ordre et méthode, tout est là.

D'autre part, on croit rêver quond on lit certains comptes rendus de la Chambre des Députés : le 15 juin 1926, M. François Binet, ministre de l'Agriculture, après avoir fait voter la suspension des droits de douane sur les blés, pour assurer la soudure, s'explique ainsi :

« Cette soudure est rendue difficile par la per-

« sistance du mauvais temps et par la mauvaise « volonté de certains producteurs. (Applaudisse- « ments à l'extrême gauche. Exclamations à « droite).

Mauvaise volonté des producteurs ! c'est, sans doute, des accapareurs que le Ministre a voulu dire, puis il ajoute :

« L'accélération injustifiée du prix du blé et « par suite de ceux de la farine et du pain inspire « les plus vives inquiétudes au Parlement et au « gouvernement. Le moment est venu de brider « la spéculation. (Applaudissements à l'extrême « gauche).

« Si le prix actuel du pain devait doubler d'ici « l'hiver prochain (Il ne doute de rien M. le Mi- « nistre, doubler ?), je ne saurais tolérer pareil « scandale et j'abandonnerais plutôt mes fonc- « tions.... »

Après une question de M. Masson demandant une enquête sur les exportations de blé français qui se pratiquent par certains ports notamment par Le Légne et Saint-Malo, le Ministre a répondu qu'il ordonnera une enquête (Et c'est tout). On la sent la main des spéculateurs, faire fuir la marchandise pour justifier la hausse par la disette ! ! ! Mais d'enquête. Les spéculateurs sont tranquilles.

Ensuite, les temps actuels étant aux groupements et aux syndicats, tout le monde se groupe, les commerçants aussi, donc syndicats ; ceux-ci qu'on appelle « trust » en Amérique, existent pour gagner de l'argent, leur puissance est invincible, surtout avec les capitaux de manœuvre qu'ils trouvent facilement en intéressant leur préteurs ; s'ils ont décidé la hausse, hausse il y aura.

Maintenant, il y a une chose bizarre pour un

observateur. D'où vient que chaque année, à certaines époques, des conseils circulent comme incidemment dans les campagnes, à l'effet de limiter les emblavements pour éviter la surproduction, qui produirait baisse de prix et mévente ? Cela sent le Capitalogre à plein nez. Récolte abondante ou supérieure aux besoins nationaux, rien à faire pour lui. Récolte courte ou insuffisante, spéculation assurée.

Avec notre organisation sociale, les accaparements deviendront impossibles, les achats de grains, de céréales ou de tout autre produit, ne pouvant être qu'effectifs par des patentés spécialistes et à l'aide de leurs capitaux commerciaux ou considérés comme tels. Les grosses Compagnies étant anonymes, et sous le contrôle de l'Etat, leurs capitaux ne pourront être utilisés que dans les choses se rapportant uniquement à leur industrie.

Nous avons dit, par ailleurs, au chapitre 4, au sujet des municipalités, que celles-ci devaient être constituées de conseillers municipaux patentés, une des raisons majeures, est, sans contredit, de développement de l'agriculture par la protection municipale.

Dans presque toutes les communes de France, il y a un élément agricole intéressant. composé de braves gens qui subsistent péniblement par des prodiges de parcimonie et même de privations, la religion de la terre, seule, les retient au village, mais, les jeunes gens n'ont pas le même attachement, le dur labeur qui n'apporte qu'un profit bien modeste, et quelquefois mesquin, les en éloigne, et c'est compréhensible.

La population rurale, qui était de 74.5 % de la population totale de la France en 1851, est tombée à 53,6 % en 1921. La population active agricole qui était de 5.300.000 en 1911, n'est plus, en 1923 que de 3.900.000. D'autre part, les surfaces improductives ont passé de 3.9000.000 hectares en 1910 à 4.750.000 en 1923. Du coup, le prix de la terre a baissé.

Pour retenir aux champs toute la jeunesse compétente en agriculture, le remède efficace consiste en des combinaisons pratiques à l'effet de rendre moins durs, moins pénibles, et plus fructueux les travaux de la terre, par l'emploi de machinerie agricole et l'adoption des méthodes nouvelles.

Sous le patronage des municipalités, dans chaque commune, les agriculteurs devraient être réunis en une espèce de société, ou plutôt en un groupement d'entr'aide pour les travaux de la terre. Les instruments aratoires mécaniques, tracteurs, locomobiles et autres, tant pour les labours et les ensemencements que pour les moissons, sont chers et ne sont généralement pas à la portée d'un seul cultivateur, même moyen. Alors, les cultivateurs de la commune se réuniraient pour l'achat en commun de tout le matériel nécessaire, qui serait payé par eux-mêmes au prorata de l'usage qu'ils doivent en faire ; ensuite, les mêmes groupements ont encore leur raison d'être, pour l'achat en commun, et, toujours proportionnel aux nécessités de chacun, des fumures ou des engrais potassiques dont les prix favorables sont généralement en raison des quantités, et par cela, les petits cultivateurs bénéficieraient des mêmes avantages que les gros propriétaires.

Par cette facile combinaison, les travaux de la terre, non seulement seraient moins pénibles, mais les rendements seront sûrement plus grands, plus abondants. Suivant l'opinion générale, sans augmenter les surfaces d'emblavement, la France devrait produire 25 % de plus avec de bons procédés de culture et de bons engrais, ce chiffre ressort du rendement dans les département du Nord de la France où la culture modernisée du froment est intensive.

Toutes les cultures sont à l'avenant.

Une méthode excellente pour l'abondance des récoltes, préconisée par M. Queuille, Ministre de l'Agriculture dans le grand ministère Poincaré, est la sélection des grains de semences. « Dans le « centre de Grignon, dit-il, on vient, pendant « trois ans, de cultiver dans les conditions nor- « males quelques variétés nouvelles et voici les « résultats qu'on a obtenus. Tandis que la variété « « bon fermier », bien connue de nos agricul- « teurs, donne en moyenne 24 quintaux de blé à « l'hectare, trois variétés nouvelles ont donné « respectivement 31, 33 et 34 quintaux àl'hec- « tare.

« Passer de 24 à 34 quintaux par le seul fait « qu'on emploie une nouvelle semence, n'est-ce « pas considérable ? Terre préparée, bon engrais, « c'est entendu, mais ce qui domine tout, c'est le « choix de la semence.

« Notre institut agronomique étudie en ce mo- « ment les diverses variétés qui conviennent le « mieux aux diverses variétés du sol. Il va se « tenir en liaison étroite avec les offices agricoles « régionaux pour que ceux-ci, au moment de la « récolte, puissent prélever les semences néces- « saires ».

Tout cela, c'est parfait ; tout ce qu'a dit M. Queuille, dont nous n'insérons qu'une partie, est indiscutablement juste, mais il faut, avant tout, ne pas perdre de vue l'âme spéciale de nos paysans, ce n'est pas qu'ils soient réfractaires aux bons conseils, non, il ne faut pas les connaître, pour même le supposer ; mais les petits cultivateurs, ayant pour la plupart des ressources limitées, il leur est toujours pénible de débourser quelqu'argent pour acheter de nouvelles semences, malgré les promesses alléchantes qu'on leur fait miroiter ; ils savent, par expérience, que le vendeur vante toujours sa marchandise.

Selection, dit-on, mais le paysan l'a toujours faite avec ses propres grains, en choisissant les plus beaux, qu'il garde soigneusement pour la semence future.

Nos écoles d'agriculture, qui sont en quelque sorte des industries, vendent leurs produits ; nous nous imaginons que, en bons commerçants, leurs grains ne sont pas vendus comme grains au cours, sinon comme des éléments de reproduction, c'est-à-dire, à des prix qui doivent être coquets.

A ce sujet, qu'il nous soit permis de mettre en parallèle les méthodes employées pour le développement de l'Agriculture aux Etats-Unis et celles employées dans notre malheureux pays.

En France, les écoles d'Agriculture doivent produire financièrement, pour couvrir leurs frais, elles deviennent des commerçants ; on y travaille parfaitement, méthodiquement et scientifiquement, les produits sont merveilleux et se vendent bien ; les seuls heureux qui en profitent, sont, comme nous l'avons dit en tête de ce chapitre, les gros cultivateurs, les grandes exploitations du Nord que l'on cite en exemple pour leur culture intensive, et qui s'explique très bien ; mais pour le cultivateur quelconque, il n'y a rien, et il ne peut rien y avoir. Les écoles d'Agriculture, en France, travaillent en « Capitalogre » pour elles et pour les Capitalogres, et non pour la Nation proprement dite, nous tenons en compte que, comme écoles, elles forment de brillants élèves qui seront probablement l'âme de grandes exploitations.

Aux Etats-Unis, les centres d'Agriculture ne sont pas classés comme écoles, ils sont des centres d'études de productions pour le développement de l'Agriculture de la Nation. A peine un produit nouveau, intéressant, à grand rendement, est-il obtenu, qu'immédiatement la notice en est publiée dans les magazines, toujours à l'affut des nouveautés pour l'amélioration. La répartition de ce produit, comme d'ailleurs tous ceux de ces centres, en est faite gratuitement à tous les individus qui s'y intéressent. Une simple lettre au « *Départment of Agriculture a Washington. D. C.* » suffit ; par la poste il est envoyé de suite un petit sac de graines choisies, un peu plus d'une livre, il y est joint un fascicule explicatif. Cet envoi est fait à la condition d'ensemencer les grains dans un endroit préparé selon les indications du fascicule, et ensuite de fournir les renseignements utiles : surface ensemencée, la photographie avant la récolte en mentionnant la hauteur des tiges, le poids du boisseau et le rendement total en boisseaux, et de retourner une quantité équivalente à celle envoyée, pour les études comparatives. Le cultivateur se trouve avoir des éléments de reproduction qui ne lui ont rien coûté, une petite quantité, c'est possible, mais il s'ingénie lui-même à la reproduction.

Il s'ensuit qu'aux Etats-Unis, les écoles d'Agriculture, contrairement à celles de France, travaillent pour la Nation, par la vulgarisation ; celle-ci est foncièrement agricole et son développement a été phénoménal.

M. Queuille a de bonnes idées, mais son système est toujours trop français, trop ad-mi-nis-tra-tif, et par ce, trop lent ; le résultat sera peut-être appréciable dans la génération future.

Si ce procédé gratuit était employé en France, on verrait alors si nos paysans ne se mettraient pas à l'unisson avec ceux d'Amérique, et si ce ne serait pas plus avantageux d'avoir une France agricole prospère, que d'avoir seulement des écoles prospères.

Par l'évolution social, le groupement a pris pied sur l'individualisme, il en est ressorti des multitudes d'associations, pour des causes différentes et à puissances différentes ; si en matière purement politiques, les groupements se font entr'eux contre-partie, il n'en est pas de même en questions économiques ; les groupements mercantiles n'ont pas de contre-partie, et ne peuvent en avoir. C'est là le côté défectueux de la société actuelle.

Bien mieux, le syndicalisme a pour effet de défendre les intérêts des syndiqués, chacun des syndicats opère à sa *manière*, dans leurs réunions les échanges de vue sont normaux, et les membres de chacun d'eux discutant toutes questions se rattachant à leur syndicat, arrivent à prendre telles dispositions qu'exigent leurs intérêts, en fixant les prix de leurs manchandises ; il y a forcément connivence, et ce, en opposition flagrante aux lois antérieures contre les accapareurs en connivence. Tout est légal.

A quoi servent les groupements, les syndicats,

si ce n'est pour agir de concert et par entente ? N'est-ce pas une connivence ?

Ce qui, autrefois, provoquait la baisse était le besoin de vendre, de réaliser, qui se faisait sentir à un certain moment chez quelques négociants, et par les effets de « la loi de l'offre et de la demande », la baisse se répercutait d'une façon générale par une espèce de nivellement, il en résultait des cours normaux.

Le syndicalisme, l'association, l'union qui fait la force a remédié à ces faiblesses particulières par la mutualité syndicale ; la terrible loi de « l'offre et de la demande » a été annihilée, et les grossistes Capitalogres imposent leurs prix. C'est l'histoire du lait et des blés.

Pour les blés, en 1925, les prix avaient débuté de 90 à 120 francs les 100 kilogs, suivant les endroits ; à ces prix les cultivateurs devaient sûrement avoir prélevé le gain qui leur correspondait, puis dans le courant de l'année, la spéculation aidant, les prix ont successivement monté pour atteindre celui phénoménal de 285 francs. Puis vint la fluctuation prévue, comme nous l'avons dit autre part, la baisse utile aux opérations spéculatives est arrivée à 210. « Mais d'où vient, dit « M. Binet, ancien Ministre de l'Agriculture, que, « à la récolte nouvelle de 1926, la soudure ayant « été établie, les prix auraient dû baisser, et ils « augmentent ? » et il ajoute : « Bien que les « agriculteurs ne veuillent point, comme par le « passé, être ni naïfs ni dupes des accaparements, « dans l'espèce, ils en appliquent les mêmes prin- « cipes à leur profit, en n'apportant sur les mar- « chés que des quantités insuffisantes ».

Résultat, populo continue à être estampé, si ce n'est par l'un, c'est par l'autre.

C'est là, où apparaît le véritable rôle des écoles d'Agriculture, et celui du gouvernement.

Les écoles d'Agriculture devraient, avant tout, être des écoles pratiques, en joignant à leur enseignement agricole l'enseignement économique qui en découle, c'est-à-dire, être un centre d'études pratiques à l'effet de connaître les prix de revient de tous les produits agricoles, en les supposant industrialisés par une exploitation moyenne. Ces renseignements positifs devraient être fournis au Ministre de l'Agriculture, ce qui permettrait au Gouvernement de taxer, à bon escient, et dans chaque région, les produits de première nécessité, en tenant compte, naturellement, des gains honnêtes aux agriculteurs.

Tarifer ? Certainement, et d'une façon permanente, encore ; les 40 millions de bouches françaises ne doivent pas dépendre de la volonté des Capitalogres mercantiles ou terriens, et de la perfide « liberté du Commerce » qui protège leurs rapines.

Ceci dit, nous reviendrons aux groupements communaux de cultivateurs.

Naturellement, ces groupements d'entr'aide étant établis uniquement pour le travail, chacun des propriétaires reste maître de sa récolte, et en fait l'usage qu'il croit utile d'en faire.

Il existe en Amérique des groupements de ce genre et ils donnent d'excellents résultats ; les groupements apportent avec eux une espèce de confraternité qui façonne leurs membres en des rapports mutuels et amicaux ; ainsi, personne n'ignore que, en ces sortes d'arrangements, chacun voudrait passer le premier, alors, pour qu'il n'y ait ni passe-droit ni la moindre préférence, même en faveur des gros qui ont misé le gros morceau, il est procédé loyalement à un tirage au sort, et chacun prend le tour indiqué par le dit tirage au sort.

Bien que la machinerie fasse un travail rapide, on assiste souvent à ce fait, d'ailleurs très commun, que les impatients viennent aider de leur personne pour accélérer et faire que, suivant le cas, les tracteurs ou les faucheuses et les batteuses viennent plus rapidement en leur propriété, et ce, sans question de réciprocité.

Et cette manière de travailler mécaniquement dans les champs, non seulement est pratique, mais devient quasi un amusement.

D'autre part, l'organisation sociale, que nous préconisons n'admettant dans chaque commerce ou industrie que les spécialités, aura indiscutablement une répercussion heureuse dans le domaine agricole, les marchands en gros seront les seuls acheteurs, les pieuvres accapareuses devant disparaître, les prix deviendront normaux, réguliers et rémunérateurs à la ferme, qui, en outre, sera assurée d'un écoulement continu et facile de ses produits. Les marchés régionaux redeviendront les véritables marchés.

L'organisation administrative de la France, n'a servi, jusqu'à ce jour, qu'aux besoins politiques, il y a lieu de l'utiliser un peu à l'économie pratique au profit de l'agriculture et des produits de la ferme, les municipalités devraient être tenues au courant des mercuriales des principaux marchés de France, pour que les intéressés des plus petits villages aient des indications sur la valeur de leurs produits et que ceux-ci soient aux cours réguliers dans les marchés régionaux.

Les agriculteurs, étant des industriels patentés, auront également à se conformer aux règles fondamentales de la nouvelle société démocratique : capital maximum et retraite par la limite d'âge. (Place aux jeunes, pour assurer le rouage de la machine sociale, selon les lois de la nature, qui confèrent à tous le droit à l'existence dans la civilisation).

L'agriculteur, devant se retirer à l'âge de la retraite, peut vendre son bien soit à un acheteur quelconque, soit à l'un de ses fils, qui reconnaîtrait les parts correspondantes à ses frères et sœurs par des dispositions spéciales ou, s'il est *suffisamment* important, à ses enfants majeurs, réunis en société en nom collectif, tout en réservant la part des enfants mineurs. Son capital lui appartient en propre, jusqu'à concurrence du capital maximum, il peut en disposer à son gré, ou le placer chez ses enfants, au taux légal, ce sera les avantager.

De même que les commerçants et industriels, les agriculteurs sont assujettis aux règlements du Commerce qui exigent que tout individu, faisant œuvre de commerce, ait une comptabilité régulière en partie double, mentionnant religieusement toutes les opérations de son exploitation au fur et à mesure qu'elles ont lieu.

Cette question de comptabilité ne peut aucunement susciter de difficultés, les communes d'importance moyenne peuvent facilement donner de l'occupation à un ou plusieurs comptables qui répartiraient leurs heures de travail chez les intéressés, d'autant plus facilement que la comptabilité d'un agriculteur n'est pas compliquée, quelques heures par semaines suffisent amplement pour celle d'une bonne exploitation. Et dans les communes très réduites, ou le nombre des cultivateurs est insuffisant pour occuper un employé comptable, exceptionellement aux principes de notre théorie, le maître d'école, avec l'autorisation du ministère dont il dépend, pourrait remplir cette fonction supplémentaire, qui ajouterait ainsi à ses émoluments.

Dans chacune des Colonies, il devrait y avoir un Office Technique et Pratique d'Agriculture Coloniale, avec plantations d'essais, dirigé par des agronomes coloniaux ,lequel office devrait, à l'instar de ceux des Etats-Unis, se mettre à la portée de tous les colons, en leur donnant des conseils sur les cultures possibles.

Nos Colonies, qui sont immenses, et sous tous les climats, devraient produire des quantités de choses, des fruits exotiques toujours recherchés, des bananes, dont le commerce aux Etats-Unis est fantastique, et qui pourrait le devenir également chez nous, puis du café, du cacao, de la vanille, de la canelle, toutes les variétés de tabac que consomme la régie, puis de la betterave qui, en plus du sucre, fournit de la drèche pour le bétail et de l'alcool avec les mélasses incristallisables, pour carburant, puis, le ricin pour la soie artificielle, l'arachide ou cacahuetles pour l'huile comestible et aussi pour la vente en nature, et enfin les plantations à longue échéance, comme les oranges, les citrons, les cocos pour les huiles à savonnerie, le caoutchouc, et tant d'autres produits.

Toutes ces plantations doivent être suggérées dans les Colonies, où il est possible de les produire, après essais favorables dans les Ecoles d'Agriculture Coloniale, mais leur exploitation doit surtout être combinée et ordonnée dans leur ensemble.

M. Lebrun. sénateur, ancien Ministre des Colonies, président du conseil d'administration de la Caisse d'Amortissement, de laquelle dépend aujourd'hui l'administration des tabacs, a donné des précisions sur les rendements de nos Colonies en tabacs, la quantité en est déjà respectable, et il se propose de demander à la production coloniale les 30 millions de kilogs que la régie a coutume d'acheter à l'étranger. Acceptons-en l'augure, et ce sera toujours une consolation en attendant la suppression de ce monopole d'Etat.

Le colon, naturellement, s'intéressera aux cultures annuelles, qui, donne des résultats dans l'année, mais il devrait aussi réserver, selon ses moyens, une partie de sa propriété aux plantations qui demndent plusieurs années. La valeur de sa propriété augmentera d'autant, ces plantations spéciales représentant un capital sûr, qui produira plus tard.

Le grand inconvénient, pour nos colons, est que l'administration française, dans chacune des Colonies. s'est toujours désintéressée de la partie agricole et de celle commerciale s'y rattachant, elle ne s'attache qu'à la partie administrative, fonctionnarisme, bureaucratie et paperasserie, elle est impuissante pour le reste. Les colons vont au petit bonheur, sans guides, sans conseils, ils n'ont que la ressource de se faire estamper par les grosses compagnies, qui, elles, ont l'oreille de l'administration.

Les personnes qui ont voyagé, se sentent, en quelque sorte, humiliées de constater pareil désintéressement, alors que dans le monde entier, dans toutes les colonies qui ne sont pas françaises, les administrations existent, non seulement pour assurer l'ordre, et protéger leurs nationaux, mais pour les conduire, les conseiller, les faciliter de toutes les manières ; aussi, ces colonies étrangères sont toutes prospères.

Dans tous les discours des grands administrateurs, on remarque la phrase traditionnelle « ...sera le grenier de la France », l'Algérie, la Tunisie, le Maroc, la Syrie devaient être les greniers de la France ; Français de France, vous en êtes-vous aperçu ? Le prix du pain en est la réponse.

Pourquoi ce lamentable état de chose ? Parce que, au lieu d un véritable colonial, appréciateur en la matière, pour des raisons de la politique d'intrigues, on prend un parlementaire de la combinaison gouvernementale du moment pour en faire un Ministre des Colonies, qui ne les connait que par l'atlas. Il en est de même pour les gouverneurs, qui sont des militaires, ceux-là connaissent les colonies, mais ignorent le commerce et les nécessités sociales du colon, toujours à cheval sur les réglements, n'envisageant que la pacification et le silence, « pas d'observation », le reste est quantité négligeable ; ou bien des administrateurs civils, qui viennent ensuite, et qui ne le sont que superficiellement, étant la majeure partie du temps absents de leur poste colonial, constamment en voyage à la Métropole, ils n'ont véritablement pas le temps de s'occuper du poste dont ils ont l'emploi, néanmoins tout marche ad-mi-nis-tra-ti-ve-ment, et les colons se morfondent.

⁂

11. *Retraite obligatoire pour tous, par la limite d'âge*

Pour obtenir le plus grand nombre d'occupations possibles, il est indispensable d'adopter dans le civil et pour tout le monde, hommes et femmes sans exception, le roulement magistralement combiné dans l'ordre militaire par la limite d'âge.

A la limite d'âge, chacun, quel qu'il soit, doit abandonner son travail, cesser son occupation, quitter son emploi, se retirer du commerce ou de sa carrière pour faire place à d'autres. C'est le rouage de la vie.

Il est inadmissible que dans notre République, qui devrait être humanitaire, il y ait tant de vieillards, fortunés, quelquefois immensément riches, qui conservent indéfiniment, jusqu'à leur mort des situation productives dont ils n'ont nul besoin. Ne cherchons pas à analyser les sentiments qui les font agir, qui leur font conserver « l'assiette au beurre » comme disait Henri Rochefort, ils ne sont pas beaux, mieux vaut ne pas en parler. Pendant ce temsp-là, bon nombre de postulants, dans la fleur de l'âge, à intelligence développée, animés des meilleures intentions, croquent le marmot. C'est l'ensemble de la société qui perd, car elle a plus à attendre de l'homme dans sa pleine force que d'un vieillard dont la sénilité est plus ou moins prononcée, et qui occupe un poste, que personnellement il ne peut remplir consciencieusement, au point de vue social.

La retraite ne veut pas dire que l'homme doit à un moment de son existence abandonner le produit de son travail, le fruit de ses économies. Non, rien de cela. On ne confisque rien. Ceux qui ont amassé un pécule ou gagné une fortune, conservent par devers eux le produit de leurs efforts jusqu'à leur mort, s'il est dans la limite du maximum de fortune. Ils en vivent, ils peuvent le garder chez eux, ou le placer en banque à leur disposition, ou le placer dans le commerce, à taux égal, mais ils ne pourront le placer à titre de commanditaire, d'associé ou de sociétaire, ni faire aucune opération de bourse, ces placements spéciaux et ces opérations faisant partie des fonctions ou opérations commerciales réservées aux négociants ou aux citoyens en activité sociale.

Nous estimons qu'il y a lieu d'adopter les trois catégories suivantes pour l'application de la limite d'âge :

1° Les ouvriers manuels ou assimilés, et les ouvrières d'atelier ou assimilées, qui pourrant justifier de leur qualité d'ouvrière, prendront leur retraite à l'âge de 50 ans.

Les ouvriers et ouvrières devront faire partie de syndicats corporatifs durant au moins cinq années, et les syndicats devront se porter garants des intéressés pour qu'il leur soit reconnu le droit à la rente.

2° Les employés de bureau des deux sexes, d'administration, et autres, également des deux sexes, les courtiers, les représentants, les intermédiaires du commerce, les professeurs, les artistes, les intellectuels de tous genres, etc., en résumé, toutes les personnes des deux sexes qui reçoivent des appointements ou qui vivent d'un travail de subalternes plus ou moins rémunéré, et les assimilés à cette catégorie, prendront leur retraite à l'âge de 55 ans.

Il est naturel que chacun des intéressés de cette catégorie devra justifier qu'il appartient à la classe des rémunérés, la meilleure justification est celle mentionnée à l'article précédent, l'affirmation des syndicats corporatifs.

3° Les patrons, les directeurs et chefs d'entreprises ou de sociétés diverses, ayant un caractère de patrons avec émoluments supérieurs, les industriels et fabricants, les commerçants en tous genres, les hommes d'affaires ou de négoges, les banquiers, les gens qui professent des carrières libérales et des offices ministériels, les médecins, les avocats, les avoués, les juges, les huissiers, les notaires, les élus, conseillers, députés ou sénateurs, ainsi que tous les fonctionnaires de l'Etat, de toutes catégories, même le Président de la République, bref, toutes les personnes, hommes et femmes qui exercent des professions ou qui ont des situations quelconques non comprises dans les arctiles 1 et 2, prendront leur retraite à l'âge de 60 ans. Cet âge est la limite extrême pour la retraite, limite qui est une condition absolue, et qui ne doit souffrir aucune dérogation sous aucun prétexte et pour qui que ce soit.

En désignant la limite d'âge extrême à 60 ans, nous entendons déjà d'immenses récriminations. Certes, l'humanité est ainsi faite, chacun pense et prêche pour soi ou pour les siens. C'est l'éternel égoïsme agissant qu'il importe de combattre. C'est précisément là qu'est le plus grand sacrifice que chacun doit consentir à faire pour la bonne organisation sociale, celui de la noble abnégation de soi au profit des autres, de la masse, au profit de la société, étant déjà âgé, en abandonnant quelques années qui pourraient peut-être encore être productives.

Il est évident que, à 60 ans, généralement un homme n'est pas fini physiquement et intellectuellement, mais avant tout, il y a le rouage social à prendre en considération, qui commande et qui impose cette mesure ; il y a les jeunes, qui n'ont pas demandé à naître, qui, dans la fleur de l'âge, ont besoin de vivre d'une situation sortable et à qui reviennent à leur tour les places dans les trains circulaires de l'économie sociale, lesquelles places ne doivent être occupées en permanence par les mêmes individus.

Toute personne que la limite d'âge obligera à abandonner, vendre, céder ou transférer son établissement ou ses biens productifs, ne pourra, en aucun cas, faire cette opération au profit de sa propre femme, ce qui équivaudrait à une prolongation de jouissance de l'établissement en faveur du même foyer. Chaque changement de propriétaire, occasionné par la limite d'âge, doit, en principe, favoriser un nouveau venu dans la vie commerciale. Le fils, s'il est majeure, peut prendre la succession de son père, il est un personnage nouveau, qui a des intérêts séparés, et qui forme un nouveau foyer.

Peut-être que cet ensemble de dispositions fera regretter à plus d'un, de n'avoir pas assez d'héritiers directs.

*
* *

12. *Suppression de toutes les rentes de retraite de l'Etat, étant toutes abusives, et leur remplacement par une démocratique allocation de subsistance, laquelle est étendue uniformément à tous les citoyens à la limite d'âge.*

La retraite, étant la cessation obligatoire de tout travail, emploi ou occupation productive quelconque, impose comme conséquence à l'Etat de pourvoir aux besoins des individus, hommes ou femmes, que cette mesure démocratique mettrait dans l'indigence.

La rente de retraite provient des libéralités monarchiques de tous les temps, même des plus reculés, pour récompenser les courtisans ou les serviteurs de la royauté par des allocations, disait-on, prélevées de la cassette royale, façon adroite des monarques de dissimuler la véritable provenance des ressources et de s'attacher les reconnaissances et les dévouements. Les profiteurs étaient indiscutablement les protégés et les suppôts de la royauté.

Depuis lors, et en principe, dans notre IIIe République, il n'y a rien eu de changé, sinon, que le nombre de ces heureux mortels a terriblement augmenté, au point d'être innombrable, qu'ils émargent légalement, c'est plus digne, et aussi, plus copieusement qu'autrefois. Le nombre de ces privilégiés du sort, augmentant sans discontinuer, contribue pour une bonne part à enfler démesurément l'énorme dette publique qui nous écrase.

La rente de retraite de haute cote est attribuée aux ex-fonctionnaires, aux ex-dignitaires, aux ex-sénateurs, aux ex-députés et à une foule de gens, peut-être connus dans les antichambres des ministères ou des préfectures, mais dont le rôle social a été plutôt problématique.

Il en est de même pour les officiers militaires, dont quelques-uns sont retraités avec des rentes de munificence, et ce qui est un comble, c'est que pour faire casquer MARIANNE dans les prix forts, nos Ministres-Parlementaires en sont arrivés à faire des nominations à un grade supérieur, la veille de la mise à la retraite, pour que celle-ci soit plus élevée. Et, cette aberration est passée dans les usages : c'est tout simplement une malversation déguisée.

Pauvre France, comme légalement on trouve moyen de t'estamper !

Et les émargeurs passent à la caisse en se riant des difficultés actuelles de MARIANNE qui, inconsciemment, continue ses largesses et ses générosités en ne se rendant pas compte qu'elle est sur le chemin de la faillite.

Le budget paraît être bouclé, et ce, avec force difficultés, en écrasant le peuple d'impôts, il n'en peut mais. Et, tout cela sans payer les grosses dettes anglaises et américaines ; quand il s'agira de les payer, comment ferons-nous, si nous sommes déjà saturés d'impôts ?

Dans les temps impossibles que nous vivons, il est inadmissible que les rentes des privilégiés, à quelque titre qu'elles soient, atteignent des chiffres comparable à des situations de nabab, c'est du gaspillage, et c'est narguer le peuple pressuré ; aussi il proteste et se rebiffe.

Washington, président des Etats-Unis, quittant la Présidence, retourna tout simplement à ses travaux agricoles. Prenez de la graine, vous tous, qui vivez aux crochets de MARIANNE.

Maintenant, en présence des multiples et infernales circonstances qui étreignent notre pauvre France, en nous obligeant à des économies à outrance, on n'a plus le droit aux générosités des temps passés, aux rentes de luxe, cela devient de la dilapidation des ressources nationales, d'autant plus que parmi les émargeurs, sont nombreux ceux qui n'attendent après ces magnificences pour vivre, ils possèdent châteaux et biens personnels ; ces prodigalités extraites de la pénible Caisse Nationale, ne sont que pour ajouter à leur luxe tapageur. On doit, aujourd'hui, voir les choses différemment, sous un angle plus simple, plus fraternel et plus égalitaire, sans aucune question de pénitence.

Quand un bateau menace de sombrer, on cherche à sauver toutes les vies humaines, sans distinction de classe ni de personnalité, par les moyens de fortune ; le bien-être n'existe plus.

Pour que la France, que nos ineptes hommes politiques, qui se sont succédé dans les parlements et dans les gouvernements, ont conduit à l'abîme, pour qu'elle ne sombre pas, il faut une résolution énergique, presque féroce, il faut faire machine en arrière, il faut absolument serrer les cordons de la bourse. Il faut une volonté et une décision à la Robespierre, pour sauver la France.

Il est des sacrifices que tout le monde doit faire, il est des renoncements qui élèvent l'âme, et qu'il est héroïque de consentir. C'est probablement en vue de ce renoncement à la partie superflue des rentes de retraite, qu'un argentier auréolé a prononcé le mot fameux de « pénitence », en négligeant toutefois, d'en rechercher l'application dans les choses, pourtant essentielles, qui se manifestent par des sorties de caisse.

Pénitences, châtiments, non, il ne faut pas penser ainsi. Il faut que chacun, envisageant la salvation de la Patrie, admette l'urgence de limiter les charges de notre République au minimun, en s'y soumettant personnellement, comme pendant la guerre, où l'objectif était de subsister envers et contre tout, pour permettre d'arriver au but.

Se résoudre à l'uniformité démocratique d'une

rente modeste, très modeste, est le but que nous poursuivons ; le nettoyage du gachis financier l'impose par les charges prévues de notre infortunée France, qui s'étendent à un siècle, et qui le dépasseront certainement, lesquelles condamnent d'abord la population actuelle pendant toute sa vie, et ensuite plusieurs générations d'êtres humains naîtront et mourront sans avoir connu autre chose que des charges écrasantes. Toutes ces infernales conséquences de l'incapacité de l'abjecte coterie des politiciens, obligent maintenant (tout se paye un jour ou l'autre) la Nation à réduire ses frais généraux dans la limite du strict indispensable. La question de « dignité » est hors de cause ; vivre seulement et simplement, telle est la nouvelle formule.

En examinant bien les choses, le principe même des rentes d'Etat, tel qu'on l'applique, est arbitraire, parce qu'il constitue une démarcation des « ayants-droit » ; le simple bon sens veut que tout le monde y ait droit, pour la raison majeure et indiscutable que les ouvriers, les employés du commerce et les salariés de tout acabit, contribuent, dans leur sphère d'action, tout autant que les fonctionnaires, les militaires, les employés d'administration et autres, au bon fonctionnement de la machine sociale. Nous devons abandonner ce système « vieux jeu » des préférences qui a pour lemme « tout pour quelques-uns, rien pour les autres » et adopter celui équitable, et sans réplique, de « tout le monde aura sa petite part ».

Donc, comme il s'agit non de renter, mais de pourvoir à la subsistance de tous les citoyens de la République, hommes et femmes, qui auront atteint l'âge de la retraite, il importe d'en obtenir la réalisation dans le cadre des possibilités, et ces possibilités se rencontreront en partie par un meilleur emploi de toutes ces rentes de prodigalité et de luxe des favorisés actuels, et le reste se trouvera certainement dans la compression des services administratifs, dans la suppression des services inutiles et de celle de l'immensité des parasites qui chargent démesurément le budget, et celui-ci ne sera certainement pas plus lourd.

Etant donné qu'il faut également compter avec la susceptibilité humaine, la qualification de « allocation de subsistance », quoique absolument vraie, parce qu'elle définit bien son objet, peut avoir quelque chose de vexant, alors, pour éviter tout froissement d'amour-propre, nous l'appellerons « rente démocratique de retraite ».

Par conséquent, pour établir dans la retraite le principe démocratique absolu, nous répétons qu'il n'y a pas lieu de faire des catégories de retraites ; et nous estimons, quant à présent, qu'une rente uniforme viagère de 30 francars (monnaie nouvelle équivalente à 150 francs actuels), par mois pour tous les retraités, quelle que soit leur classe sociale, est une quantité raisonnable, étant, avant la guerre, l'équivalent des ressources normales d'une innombrable quantité d'individus, chargés de famille pour la plupart, donc, suffisante ; d'autant suffisante, que la réfection complète de la société aura pour effet d'imposer, d'une façon violente et décisive, la reprise générale des prix d'avant-guerre sans attendre la baisse de la bonne volonté des commerçants, laquelle baisse ne se produira jamais ; parce que, tout marchand, quel qu'il soit, a l'esprit attiré par le gain, et que, sans y penser, malgré sa loyauté commerciale, qu'il ne faut pas confondre avec « loyauté » tout court, il devient involontairement imprégné de cet esprit égoïste spécial qu'engendrent inévitablement les opérations commerciales, lesquelles consistent à « acheter le meilleur marché possible et à vendre le plus cher possible, en s'aidant du mensonge commercial, inhérent au commerce, et en mettant à profit toutes les circonstances ». Conséquences : le commerce pousse à la cupidité. C'est un des travers, le plus commun de l'humanité, c'est une maladie généralisée et incurable, qu'on pourrait appeler « la mercarite ». Donc, quand le sort de la Nation est en jeu , et que des mesures énergiques sont nécessaires, la considération qu'on doit réserver au détenteur des marchandises, doit être relative, surtout dans cette grande œuvre de réfection sociale, qui sera, ni plus ni moins, qu'une véritable révolution, mais révolution pacifique... si possible.

Le chiffre de 30 francars (monnaie nouvelle) que nous avons suggéré, n'est pas immuable, il n'est qu'à titre d'indication, et malgré qu'à l'heure actuelle, ce chiffre paraisse médiocre, il peut se faire, et tout porte à le croire, qu'après le rétablissement normal du commerce, la rente en soit excessive. Le chiffre pourrait être normalement établi par celui égal à la demi-solde de l'employé de ministère de la catégorie la plus modeste. Etant donné que la solde de ce fonctionnaire est jugée suffisante pour entretenir une famille, il est admissible et raisonnable de supposer qu'une somme égale à la moitié de celle de ce fonctionnaire, sera suffisante pour renter une personne qui, généralement à l'âge de la retraite, n'a plus de charges. Et, l'on ne doit pas perdre de vue, que la femme a droit à la même rente à sa limite d'âge.

L'unification de la rente s'explique par le respect de l'humanité et la considération logique et effective qui doit s'attacher à tous les vieillards sans exception, lesquels durant leur existence, comme nous l'avons déjà dit, ont contribué au rouage social et à la prospérité de la Nation dans les limites de leur rôle et de leurs moyens d'action. L'engrenage social a besoin de tous les éléments, même de ceux qui semblent disparates ; l'ouvrier, le chef, le patron, l'employé, le fonctionnaire, le littéraire, le savant, les artistes de toutes catégories, le soldat et l'officier sont utiles pour faire fonctionner cette compliquée machine sociale ; il est nécessaire qu'il existe une variété grande de catégories de citoyens avec des rôles différents, il est indispensable qu'il y ait des gens qui conçoivent et d'autres qui exécutent, des gens qui commandent et d'autres qui obéïssent ; la civilisation, telle qu'elle est, n'est pas condamnable en totalité, seuls, le sont les abus qui découlent de son manque d'organisation.

L'unification de la rente, au profit de tous, est une obligation humanitaire, on ne saurait trop le répéter, c'est le système égalitaire qui se manifeste, qui s'impose. Ces conceptions démocratiques sont dans l'air que l'on respire, il faudra un jour les adopter ou s'y soumettre.

Pour apprécier le bien-fondé de notre système de rente unifiée, il est nécessaire de suivre attentivement notre raisonnement, convaincus sommes-nous, qu'on l'adoptera quand on en sera bien imbu, et qu'on aura rompu définitivement avec les préjugés et les errements séculaires, indignes de notre culture moderne.

Socialement, nous diviserons la vie humaine en trois périodes :

1° La vie préparatoire : l'enfance et la jeunesse, jusqu'à 25 ans (majorité nouvelle).

2° La vie active : de l'âge de la majorité à celui de la retraite.

3° La vie passive : à partir de la retraite.

Dans notre présente étude, la vie préparatoire ne nous occupe pas, elle fera plus tard l'objet de modifications appropriées au nouvel état de choses.

La vie active est la période où l'homme a la plénitude de ses facultés, pendant laquelle il travaille, il produit, il emploie son intelligence, son initiative et ses moyens d'action dans un but d'utilité dont tout le monde profite par répercussion. C'est également la période prévue par la Nature, pour l'important travail du renouvellement de la race; l'homme crée une famille et doit l'élever dans les meilleures conditions possibles ; il profite de l'existence, et doit en profiter.

C'est la période de la vie intense, et la plus intéressante, celle que la société doit prendre spécialement en considération, et qui fait l'objet de toute notre sollicitude.

Notre réforme sociale vise précisément cette période, qu'elle doit rendre facile, pour que tout être humain, en sa vie active, puisse jouir, en toute sécurité, du produit des efforts, et qu'il puisse en faire profiter la famille qu'il s'est créée, c'est la sublime ambition qui caractérise l'espèce humaine.

Ce sera aussi le vent de la repopulation, d'abord par la vie, qui deviendra plus facile et, par suite, plus agréable, et ensuite, par la vieillesse assurée, pour laquelle on n'aura plus à compter.

La période passive est celle qui suit la limite d'âge, ses forces amoindries et limitées par la Nature, l'obligent au repos. Ses enfants sont établis ou ont chacun une situation, la famille est disséminée, et n'est plus à sa charge. Il ne doit plus avoir d'occupations ni de préoccupations, car dans le cas où les circonstances ne lui auraient pas été favorables, la rente démocratique est là, pour l'aider à passer tranquillement le reste de son existence. Il n'a plus qu'à se laisser vivre le plus longtemps possible.

Tant mieux pour ceux qui, durant la période active, ont pu être en relief, d'une manière quelconque, ou, qui ont pu jouer un rôle plus ou moins important, ou avoir eu un poste bien rémunéré, ils ont profité des prébendes ou des avantages que l'organisation sociale a concédés à chaque situation. Mais, par cette nouvelle organisation sociale et démocratique, la seule logique et rationnelle, pour les temps présents et à venir, on doit se pénétrer de cette idée, que, quand l'heure de la retraite a sonné, tout le monde rentre dans le rang ; il n'y a plus de hiérarchie, il n'y a plus de classes sociales ,il n'y a que des hommes passifs au repos, lesquels doivent être considérés sur le pied de l'égalité, formule de notre drapeau républicain trop méconnue, sans attacher aux ex-situations des retraités, une autre importance que celle qu'on attache à un souvenir agréable, pour le rôle que chacun a rempli dans le théâtre de la vie. (« Chacun a été payé », comme disent les Américains, à tous propos, avec leur mentalité pratique).

A l'âge de la retraite, le personnage disparaît pour devenir une personne quelconque; il ne faut pas voir en ces principes, une déchéance, non, sinon une mesure de pure humanité qui, rompant avec toutes les traditions, coutumes et préjugés d'autrefois, aura l'avantage de diminuer les distances de classes entre les hommes, et même de les faire disparaître, en préparant la fraternité du repos.

La fraternité n'est pas un leurre, on la constate dans toutes les circonstances d'infortune frappant la collectivité, quand l'opulence ne peut être en jeu, peut-être n'est-elle que transitoire ? Alors, en éloignant cette opulence, qui, non seulement, n'a jamais été un élément de culture pour les vertus humaines, mais, qui a plutôt été l'inspiratrice de tous les maux sociaux, l'humanité verra peut-être cette belle chose, la fraternité, devenir définitive, et être la vertu consolatrice des hommes au repos.

L'objectif de la rente est d'assurer l'existence matérielle pour la vieillesse, donc, la rente nationale, devant être scrupuleusement l'unique moyen d'existence, ne doit, en aucun cas, être servis à ceux dont les revenus personnels sont supérieurs et même égaux à la valeur de la rente normale.

A la mort d'un chef de famille renté, la rente est reversible à la veuve qui n'a pas atteint la limite d'âge, si elle a au moins deux enfants en bas âge, c'est-à-dire au-dessous de 18 ans, légitimes ou connus comme siens, et qu'elle élève à son foyer. On estime qu'à l'âge de 18 ans, les enfants cessent d'être une charge, donc, si les enfants atteignent cet âge, le motif de la rente n'existe plus, et celle-ci doit être supprimée.

Toutes les formalités nécessaires doivent être faites dans les mairies de l'endroit où vivent les intéressés, leur fiche sera constamment à jour.

La question de la rente démocratique peut être tranchée par un des quatre points suivants :

1° N'ont pas droit à la rente, les personnes dont la fortune personnelle produit un revenu supérieur ou équivalent à la rente admise comme normale.

2° Aux personnes dont les revenus sont inférieurs à la rente normale, la trésorerie en fait l'appoint.

3° La rente en totalité est accordée à toute personne qui n'a aucun revenu.

4° Par corrélation avec la rente démocratique, l'uniformité des rentes d'Etat étant la règle absolue, les pensionnés militaires ou civils pour dommages de guerre ou de services commandés, seront pensionnés d'une somme égale à la rente démocratique, sans rappel ni rétroactivité, s'ils sont réduits à l'incapacité de travailler. Dans le cas contraire, s'ils sont aptes à un travail quelconque, on devra de préférence et d'urgence leur donner un emploi administratif compatible avec leur capacité ; et naturellement, ayant alors un traitement, la pension sera annulée.

Toutes les retraites proportionnelles, auxquelles donnaient lieu un service militaire de 15 années ou d'une relativité quelconque, militaire ou civile, seront supprimées, les intéressés, en échange, auront droit à un poste correspondant dans un des services administratifs, et ils attendront ainsi la limite d'âge afférente à la catégorie qui leur correspond.

De même, les allocations correspondantes aux médaillés militaires, et aux décorations de la Légion d'Honneur, sont des petits profits indignes des médaillés et des légionnaires, ces allocations doivent être supprimées.

On a parlé souvent de l'épuration financière de notre pauvre France, mais personne, jusqu'à présent, n'a osé spécifier en quoi consiste cette épuration; mystère de l'assiette au beurre.

Des dispositions précédentes, concernant la rente pour tous, on peut très aisément en tirer les conséquences.

Qu'importe si le rentier, à quelque classe sociale qu'il ait appartenu, n'a pas capitalisé, économisé ou n'a pas voulu, le commerce et l'industrie ont profité davantage, l'argent a circulé, la fortune globale de la France va croissant, tous les fonds de roulement étant perpétuellement en mouvement. Le chiffre d'affaires est plus grand et les impôts, plus facilement recouvrables.

En passant, nous dirons que les principes d'économie domestique auxquels nous sommes habitués, et dont nous sommes fiers, ne font pas la prospérité de la Nation, au contraire, les capitaux qui ne circulent pas, ne produisent pas; s'ils sont placés en banque, l'intérêt existe, soit; la banque sait les faire fructifier à son profit, et naturellement au détriment de la petite épargne; elle agit artificiellement sur les cours des valeurs par des opérations de ventes ou d'achats en masse; et quelquefois ces capitaux deviennent les instruments des spéculations sur les denrées, ils enrichissent un groupe qui impose la population, à son profit, sour forme de hausse dans les mercuriales par l'accaparement savamment combiné.

La prospérité d'une Nation dépend de l'ensemble de ses fonds en circulation permanente, ceux-ci travaillent et progressent en laissant quelques atomes dans les mains, dans lesquelles ils passent. Pour bien faire comprendre cela, nous sommes encore obligés de prendre les Etats-Unis comme exemple. Les Américains de la classe moyenne, tous ceux qui reçoivent appointements ou salaires, dépensent sans compter, ne font aucune réserve, il est vrai qu'ils sont, pour la plupart, assurés à des compagnies d'assurances et qu'ils paient religieusement leur prime de capitalisation, ils dépensent jusqu'à leur dernier sou; le commerce est naturellement prospère, la Nation aussi. Ceci est simplement pour souligner que les rentes octroyées sont l'équivalent des ressources que l'Etat peut prélever sur le commerce sans l'oppresser.

Pour démontrer que la rente démocratique pour tous, telle que nous la préconisons, est faisable, nous tablerons sur le recensement de 1911 qui donnait une population détaillée par âges et par sexes dont l'ensemble était de 39.192.133 habitants, celui de 1921 donnait une population de 39.209.518 habitants, en légère augmentation, mais MM. les employés des ministères n'ont pas eu le temps de décomposer le dit recensement. Comme la différence entre les deux recensements est d'importance relative, nous nous contenterons de celui de 1911, qui indique :

	Masculine	Féminine
Population de 50 à 54 ans	1.053.822	1.106.406
» 55 à 59 »	909.244	971.797
» 60 à 64 »	761.297	882.653
» 65 à 69 »	629.213	723.743
» 70 à 74 »	439.436	538.399
» 75 à 79 »	248.076	320.370
» 80 à 84 »	111.098	161.910
» 85 à 89 »	29.483	50.603
» 90 à 94 »	4.848	10.917
» 95 à 99 »	398	1.071
» 100 à 104 »	24	771
» 105 à 106 . »	1	5
Totaux	4.186.940	4.768.645

dont l'ensemble est de 8.955.585 ou 22.84 % de la population, qui serait approximativement atteinte par la limite d'âge; donc, estimant que, avec l'augmentation normale ,la population des deux sexes atteindra, grosso modo, un chiffre de 9.000.000, on peut considérer que le tiers seulement sera sans ressources, c'est-à-dire 3.000.000 de sujets à renter à 30 francars par mois (monnaie nouvelle équivalent à 150 francs actuels) ou 360 francars par an, nous avons :

3.000.000 × 360 = 1.080 millions de francars correspondant à 5.400 millions de francs actuels dont le pouvoir d'achat sera certainement plus grand.

Nous ferons remarquer, que pour démontrer la possibilité mathématique des rentes pour tous, nous avons tablé sur des bases excessives, en prenant la totalité de la population à partir de

50 ans, alors que, à cet âge, il n'y a que les artisans qui ont droit à la rente, les deux autres catégories de citoyens n'y ayant droit qu'à 55 et 60 ans.

Cette somme annuelle pour la rente populaire, de 1.080 millions de francars, bien que dépassant sûrement la réalité, est, comme nous l'avons dit, recouvrable, dans une partie appréciable, sur le compte des pensions civiles et militaires, dont le chiffre au budget de 1926, indiqué par M. Chéron au Sénat, était de 5.750 millions de francs. Apparemment, cette somme semble suffisante, mais il y a en elle 4.200 millions de pensions de guerre. L'emploi de préférence des pensionnés de guerre dans les ministères revisés où les administrations d'Etat allègerait sensiblement ce chiffre de 4.200 millions, ensuite, les différentes économies provenant des compressions de ministères, de suppressions de services et d'employés inutiles, et du retour aux taux d'avant-guerre raisonnablement augmentés de tous les salaires, appointements, allocations ou indemnités de tous genres à tous les émargeurs, toutes ces différences diminueraient sensiblement un budget équilibré à 40 milliards par le dernier cabinet de M. Briand, et augmenté de plusieurs milliards par celui de M. Poincaré. Pour une population de moins de 40 millions d'habitants, avoir plus de 45 milliards à payer, plus de 1.000 francs par tête en comptant tout le monde, homme, femmes et enfants, c'est renversant ! ! !

Donc, l'équivalent de la rente populaire de 5.040 millions de francs devra se trouver dans les immenses économies à réaliser; et s'il le fallait, toutes les villes et les communes pourraient y contribuer au prorata de leurs habitants, tous les

Français, d'où qu'ils soient, ayant droit à la rente d'Etat.

Nous répétons, une fois de plus, que, à l'âge de la retraite, l'intéressé n'a plus et ne doit avoir de charges, donc, avec ce revenu de 30 francars par mois, un retraité, un être seul doit pouvoir vivre dans la simplicité.

Le luxe est la cause absolue de la plus-value de chaque chose. Que le luxe et les colifichets soient abandonnés, on aura immédiatement la vie paisible et facile ; les anneaux, les bagues, les bracelets, les colliers ne sont en réalité que la perpétration, en matériaux choisis, des insignes qui caractérisaient la servitude ou l'esclavage dans l'antiquité. On a conservé la chaine-collier pour les huissiers, que ne leur met-on pas des colliers de hernies d'huitres ? Que n'a-t-on pas imaginé un boulet en or, attaché par une chaine d'or, aux pieds ou aux jambes de nos élégantes ? O bêtise humaine ! A constater toutes les idioties d'un luxe moutonnier on s'imagine aisément l'immensité de la sottise humaine ; et c'est cet ensemble d'idées fausses exploitées par des Capitalogres malins, qui, hélas ! modifie et l'humanité et la civilisation.

On peut et on doit vivre sans luxe ostentateur, qui est, en somme, l'indication d'un mauvais goût, cela ne veut pas dire qu'il faut exclure le beau et le bien fait, qui, dans leur simplicité, dénotent le bon goût et la distinction. Quand l'humanité sera imbue de cette vérité, elle sera bien près de sa perfection.

13. *Abolition des grèves et arbitrage obligatoire des conflits*

Il est indéniable que le Capitalogre, sous l'égide de la perfide « liberté du Commerce » est puissamment organisé pour la lutte, non seulement contre le commerce normal, mais contre l'élément travailleur qui contribue à sa fortune ; les revendications ouvrières ne sont jamais admises au moment où elles sont formulées. S. M. Capitalogre fait toujours la sourde oreille, c'est un principe chez lui ; temporiser et fatiguer les audacieux revendiqueurs est son système, ceux-ci sont obligés de recourir aux moyens extrêmes, c'est-à-dire à la grève.

On doit reconnaitre que la lutte des bras croisés et du ventre vide contre le Capitalogre, qui continue sa bonne chère, est une lutte inégale, c'est ce qui le rend confiant, et qui oblige ses antagonistes, la classe ouvrière, le cas échéant, de s'écarter de la logique dans le domaine de la civilisation et de l'humanité.

Autrefois, dans le bon vieux temps, les grèves étaient rares, et étaient absolument corporatives, le peuple, naturellement, les envisageaient avec sympathie, comme étant la cause sacrée de la classe laborieuse, et c'est très probablement, en raison de cette sympathie populaire, que les grèves, timides d'abord, se sont enhardies à l'usage, par habitude, et se sont renouvelées en abusant de cette sympathie, c'est bien humain. Une formule s'en dégagea « toujours un peu plus », l'audace aidant, les grèves se faufilèrent entre la sympathie des uns, la tolérance ou la veulerie des autres, pour s'implanter en « droit » comme l'émanation de la « liberté ouvrière » dans cette société mal faite par son manque d'organisation.

Quand on entre dans la voie de l'abus, il est difficile de s'arrêter en chemin, les grèves sont devenues de plus en plus fréquentes par le fait que les syndicats corporatifs, s'appuyant sur le prétendu « droit de grèves », sont arrivés à faire bon marché de la sympathie et de la tolérance du peuple, pour les lui imposer autoritairement, comme les tyrans s'imposent par le « coup d'Etat » classique, sans tenir compte des conséquences.

Le malheur, et le plus grand malheur, est que l'on a pris l'habitude de faire tout en grand, les grèves ne devaient pas échapper à cette maladie du siècle, le système des alliances se retrouve ; pour la lutte, tous les alliés sont d'accord, après c'est différent ; une grève corporative attire et entraîne d'autres corporations, dans le but d'atteindre le public, de l'obliger à prendre parti, en le molestant. Eh bien, que l'on dise tout ce que l'on voudra, ce n'est pas logique, et ce n'est pas juste; c'est la carte forcée. Dans ce siècle de raisonnement et des fameux « droits de l'homme et du citoyen », il est triste de voir de pareilles choses.

Il résulte que l'humanité entière souffre d'une façon permanente des effets de ces « libertés » contradictoires. Quand il y a un conflit de grève, c'est le fait d'un petit nombre d'individus, qui n'est pas insignifiant, il faut en convenir ; digne d'intérêt, c'est certain, mais petit nombre tout de même, qui impose des ennuis à l'ensemble des citoyens, à la masse innocente qui devient victime.

Certes, nous ne voulons pas prendre la défense des Capitalogres, ils ne le méritent pas, mais en toute conscience, on doit reconnaître que les grèves, aussi justifiées qu'elles soient, ont malheureusement des effets qui dépassent les limites de la raison.

Le public a l'air de subir impassiblement les effets déplorables des grèves, mais il pense autrement. Chacun ayant ses intérêts ailleurs, ses soucis sont suffisants, point n'est besoin d'augmenter son lot de difficultés. Ainsi, dans la grande et fameuse grève générale en Angleterre, qui a eu pour origine les difficultés minières, le communiqué officiel, en une feuille spéciale (la presse n'existant plus) disait : « ...Les leaders des « Unions des employés de chemins de fer et des « transports ont donné l'ordre à leurs adhérents « de faire tout leur possible pour paralyser et « empêcher toutes expéditions de vivres et de « denrées nécessaires à l'existence de la Nation.

....

« Il s'agit d'une tentative organisée d'affamer « la population et de ruiner l'Etat ; et l'état de « choses, au point de vue légal et constitution- « nel, entre dans une nouvelle phase, les ser- « vices de presse s'améliorent peu à peu... ».

Aussi, le gouvernement anglais a-t-il trouvé facilement les éléments volontaires surtout parmi le sexe dit faible, dont le cœur féminin est toujours touché par les souffrances de l'humanité. Ces dignes femmes ont pu, par leur dévouement, assurer l'alimentation et la vie de la population par des moyens de fortune. Donc, il est démontré que la population entière n'est pas du côté des grèves à outrance, de la ruine et de la famine.

Et, bien que nous ne voulions aucunement nous immiscer dans les affaires des autres pays, le monde entier a été surpris de voir que les mineurs grévistes anglais avaient reçu de Moscou des sommes énormes en chèques, dont le total, suivant une dépêche de Londres du 17 septembre 1926 au *Matin*, s'élevait à cette époque à 72.700 livres sterling, et les envois continuaient. Ce qui paraît le plus étrange, est que cette générosité provient d'un pays où les finances sont plutôt précaires, et chacun se pose la question : « D'où vient l'argent ? ». Un limier policier répondrait : « Cherchez à qui peut profiter le conflit ». Le problème est trop compliqué, nous donnons notre langue au chat. Malgré cela, nous tenons à déclarer que les principes de souveraineté des Nations et l'indépendance qui s'y rattache, sont compromis par les appuis des Capitalogres étrangers, qui mettent leur puissance à envenimer un conflit économique intérieur, dans lequel ils n'ont rien à voir.

C'est une preuve manifeste de la puissance néfaste de l'or, et du désordre qu'il procure dans le concert des Nations. De cette intrusion audacieuse, admise par la veulerie des gouvernements de tous les pays, qui la considèrent comme corrélative à la puissance capitalogre en général, qu'ils protègent et devant laquelle ils s'agenouillent, tous les démocrates du Globe devraient en faire leur profit, pour la sauvegarde et la dignité de leur propre Nation.

Les grèves étant des incident voulus ou dirigés par des volontés humaines, ne peuvent être considérées comme des cas de force majeure, que l'on subit forcément, tels les cyclones, les tremblement de terre, les inondations, et tous les cataclysmes de la Nature. Pourquoi le public a-t-il à souffrir des différends entre ouvriers et patrons, entre employés et leurs administrations ? Il est indéniable que les grèves portent un préjudice considérable au public, surtout quand elles sont le fait des corporations qui l'alimentent, qui l'éclairent ou qui la desservent, et qui souvent se propagent à d'autres corporations sans aucune raison d'ordre économique, sous le bénévole prétexte de « solidarité », c'est illogique, c'est incompréhensible, c'est anti-humain. Pourquoi atteindre hommes, femmes, enfants, vieillards, tout le monde en bloc ?

Il est extraordinaire que dans un pays intelligent comme la France, qui a le mérite et la gloire d'avoir créé « les droits de l'homme », il y ait une telle aberration dans les idées, et il est inconcevable que les parlements ne prennent en considération « les droits de tous » pour le respect de l'ordre individuel, alors que les soviets, eux-mêmes, dans ce même but, ont introduit dans leur code, une stipulation refusant aux travailleurs le droit de grève. (*Le Matin* du 31 août 1925).

N'est-il pas pitoyable de voir un service maritime interrompre son service par la seule volonté d'une poignée d'individus, soit du personnel du bateau, soit des dockers. Le préjudice subi par les voyageurs, innocentes victimes, est incalculable, et plus grave encore, et non moins incalculable, est celui que notre pauvre pays subit par ces interruptions intempestives.

Une grève marinière est un délit de lèse-Nation.

On lit dans *Le Courrier des Etats-Unis* de New-York du 15 Mai 1926 :

« Les employés des chemins de fer départementaux du Finistère viennent de se mettre en « grève, causant de sérieux inconvénients aux « touristes qui séjournent actuellement en Bretagne. Il est probable que cette grève empê-

« chera également les expéditions de fraises,
« choux-fleurs et pommes de terre, qui consti-
« tuent les principales cultures de cette partie de
« la France, ainsi que du poisson. »

Pauvres agriculteurs ! Qu'ont-ils fait pour être ainsi punis ? Réfléchissez un peu : difficultés entre employés et leur compagnie, victimes : les touristes et les agriculteurs et... bien d'autres.

C'est renversant d'illogisme ! ! !

Si l'on admet la théorie des grèves, et que celles-ci deviennent un droit absolu, on devra reconnaître également les droits du public qui, pour se défendre contre cette calamité intermittente, et, se conformant aux principes combattifs modernes de notre pacifique société, pourrait se grouper colossalement en une ligue nouvelle, « La Ligue du Public », légalement constituée qui aurait qualité pour actionner en justice, en dommages et intérêts les membres dirigeants du ou des syndicats, ou les auteurs responsables des grèves pour les préjudices encourus par chacun des nombreux membres de la ligue. C'est du « droit » pur.

En continuant ces errements, le public n'étant pas protégé par son protecteur naturel « le gouvernement », le public, disons-nous, est condamné à l'impuissance, et à ne pouvoir vivre, chaque corporation étant libre (Vive la liberté !) de faire grève à tous propos et même sans propos, pour des augmentations périodiques de salaire, la vie chère aidant, ou pour d'autres raisons plus ou moins plausibles. Rien ni personne ne peut les en empêcher, dans l'état actuel de notre société désordonnée et en déliquescence. Résultat : vie chère. Autre grève, vie plus chère. C'est le cercle vicieux. La vie pratique n'est plus possible malgré les efforts de chacun.

Aussi, en Italie, pour lutter contre la vie chère, *Le Matin* communique une dépêche de l'agence Fournier, de Rome, du 26 juillet 1926, dans laquelle il est dit : « ...L'expérience ayant démon-
« tré que l'augmentation des salaires a pour con-
« séquence immédiate l'augmentation du prix de
« la vie, M. Mussolini a interdit formellement
« aux patrons de modifier les salaires actuels. »

Pour bien faire comprendre à tout le monde cette question transcendante des grèves, nous sommes obligés de répéter qu'aujourd'hui, elles n'ont plus comme autrefois la sympathie du public, elles se répètent trop souvent, et trop souvent la population en est incommodée. Pour complaire à un groupe, qui a sans doute raison, point n'est besoin d'admettre qu'il puisse impunément molester le pays tout entier.

Pour éviter ces conflits publics, le moyen a déjà été préconisé, c'est l'arbitrage obligatoire qu'une loi bien précise devrait imposer, ce serait un Locarno intérieur par la création d'un « Tribunal des Conflits Economiques » n'émanant pas du Ministère de la Justice, sinon du Ministère Social, section du Travail et de celle de la Marine Marchande, suivant le cas, lequel Ministère désignerait les personnages compétents, devant faire fonctions, non d'arbitres, mais de juges. Une commission d'investigations dont les membres représenteraient les intérêts des antagonistes ou pris parmi eux-mêmes, seraient entendus, et la sentence serait rendue sans appel, en prévoyant toutefois un délai pour le renouvellement de la même cause, qui pourrait avoir des résultats différents à un autre moment.

Fort heureusement, ils sont légion en France, les gens consciencieux dont les sentiments tout de cœur et de logique, sont à même de porter un jugement sain aux revendications, en tenant compte des circonstances.

Les grèves patronales ou « lock-out », pour employer un mot anglais, lequel, comme tous les mots anglais, ne veulent rien dire, s'employant à des quantités de choses, quelquefois même contradictoires, mais auquel nous n'attribuons, nous autres les profanes, que la signification qui nous convient, donc, les « lock-out » sont tout autant critiquables, et nous dirons même, plus coupables, surtout quand elles touchent à l'alimentation, parce que, de propos délibéré, ces négociants sans entrailles, escomptent le besoin public, la privation, la famine pour leur lutte mercantile. Aussi cette catégorie d'êtres inhumains n'a-t-elle pas du tout, mais pas du tout, l'oreille du public, elle se propose de l'affamer ; alors, les autorités prennent-elles avec assurance des mesures nécessaires, aux applaudissements unanimes de la population, pour éviter à celle-ci mésaventures et souffrances. Ainsi dans le mois d'août 1926, il y eut un conflit entre les patrons boulangers lyonnais et la municipalité ; les boulangers, ne croyant pas devoir accepter les tarifs et conditions de la municipalité, menacèrent de faire grève. La municipalité et le gouvernement prirent immédiatement des mesures pour faire alimenter la population par l'intendance militaire. (Voyez, braves gens, que le militarisme a quelquefois quelque chose de bon) et devant l'attitude énergique du maire de Lyon, Ministre de l'Instruction publique, et du préfet, les boulangers renoncèrent à faire grève, et leur syndicat publia un communiqué annonçant qu'il acceptait les taux fixés par l'administration. On voit par cela, que quand l'administration s'en mêle, le cas échéant, les grèves patronales sont bien vite matées ; mais, il n'en est pas de même des grèves prolétariennes qui sont des effervescences populaires, des fermentations de la masse, produites précisément par l'effet de la masse s'échauffant d'elle-même, d'où l'inévitable débordement ; et comme pour la matière fermentescible, plus la masse est grande plus le ferment se développe rapidement, et son action devient violente. Quand arrive ce moment psychologique, aucun raisonnement n'est possible.

En définitive, avec quoi riment ces confédérations ? Qu'il y ait des syndicats corporatifs pour défendre les intérêts des corporations respectives, c'est logique, c'est indispensable, mais qu'il y ait des Unions de Syndicats, des Confédérations, c'est inutile, c'est ridicule, le but ou la raison d'être de ces grandes agglomérations n'a rien de syndical, c'est encore un enfantement d'une autre « liberté » mal comprise qui peut avoir des conséquences insoupçonnées.

Si l'idée de ces groupements formidables était d'établir une puissance capable de contrebalancer celle du Capitalogre, sans porter préjudice à l'ensemble de la population, elle serait magnifique, mais l'expérience en a été faite, au point de vue économique, ces groupements colossaux sont inopérants, et précisément, en raison de leur importance numérique, ils sont non seulement enclins, mais poussés à s'écarter du rôle qu'ils devraient avoir, l'économie syndicale, pour tomber dans la politique, et qui plus est, dans la politique turbulente de parti, de la politique démagogique qui ne raisonne pas. Il en ressort fatalement la confusion et le chaos.

Chacun son métier... a dit La Fontaine, et la politique en est un, et même qui n'est pas à la portée de quiconque. Les Chambres patronales, plus sages, n'en font pas.

L'organisation nouvelle ayant pour objet le bien-être de tous, dans les limites raisonnables, prévoyant, à cet effet, un plus grand nombre d'industries et de spécialités, demandera une refonte des Syndicats patronaux et ouvriers, qui devront être également spécialisés, et comme les intérêts de chacun d'eux seront différents, leur intérêt réel sera d'être indépendants les uns des autres, pour pouvoir se surveiller mutuellement.

Il est regrettable que tant de braves ouvriers, par une espèce de snobisme, s'égarent dans les théories impraticables de l'internationalisme ouvrier en s'imaginant travailler au bonheur du prolétariat mondial. Mots, palabres, mirage, illusion et rien de plus, c'est prêcher dans le désert.

Tous les pays ne sont pas sous le même climat, tous les gens n'ont pas les mêmes besoins, ne pensent pas de la même façon, les tempéraments sont différents et les revendications ou unifications internationalistes de nos théoriciens ne sont pas comprises par le prolétariat à l'Etranger qui vit sa vie le plus placidement possible surtout dans les Amériques, où l'auteur du présent opuscule ayant vécu plus d'un quart de siècle dans différents Etats de ce continent, peut attester des sentiments que le dit prolétariat professe envers et contre tous les étrangers.

Qu'on le veuille ou non, la xénophobie est partout à l'ordre du jour et progresse de plus en plus. Le nationalisme est prépondérant et chacun, avec raison, est fier de son pays. Et l'on constate par-

tout, dans le monde entier, un souffle anti-étranger qu'entretiennent les périodiques locaux par des tendances à peine déguisées. On sent que l'élément étranger n'est que toléré, n'est que supporté, et les peuples ainsi façonnés sont loin de s'entendre, ils sont plutôt invités par une presse venimeuse à être des frères ennemis. Une preuve entre mille : Dans son numéro de juin 1926, la revue New-Yorkaise « Travel » insère un article d'un certain Robert Dell, journaliste anglais, représenté comme une autorité en tout ce qui touche la France et les affaires françaises, article intitulé : « Ce que la France pense de l'Amérique ». Dans cet article, son principal souci est évidemment d'établir que la France est une nation extrêmement vaniteuse, assez profondément convaincue de sa propre supériorité pour imaginer que tout lui est dû et pour se permettre de détester tout ce qui n'est pas français. Ceci est un résumé du « Courrier des Etats-Unis » de New-York, qui reforme consciencieusement le dit article, dans lequel il est écrit en outre : « Dire que les Fran-
« çais n'aiment pas les Américains, c'est trop
« peu dire, car ils n'aiment aucun étranger. Au
« mieux, ils considèrent les étrangers comme
« d'inoffensifs lunatiques. Pour les Français,
« comme pour les Chinois, la race humaine se
« divise en deux catégories : eux, et les barbares.
« C'est pour cela, je crois, que les Français n'ont
« pas le préjugé de la couleur ».

Bien qu'émanant d'un Anglais propagateur d'arguments désagréables pour nous, l'article était dans une revue américaine, celle-ci s'est attiré une verte réplique du « Courrier des Etats-Unis », journal vraiment français d'Amérique, qui ne laisse rien échapper, dans lequel il est dit ceci : « Il est extrêmement drôle, en effet, d'en-

« tendre un journaliste dire aux Américains : « Ces Français, tout de même, croyez-vous qu'ils « sont assez bêtement vaniteux pour ne pas aimer « les étrangers ? ». « Car enfin, s'il est un pays où « les « foreigners » sont mal vus, c'est bien l'Amé- « rique ! Tous les jours on lit dans la presse des « Etats-Unis des articles où les étrangers sont « traités beaucoup plus durement que d'inoffen- « sifs lunatiques ; tous les quatre matins le Con- « grès ou les législateurs sont saisis de projets de « lois dirigés contre les « aliens », et les Etats-Unis « sont le seul pays civilisé où l'on a inventé un « *Ku Klux Klan* (1). La vanité ? mais les Améri- « cains eux-mêmes disent et écrivent tous les « jours que la modestie n'est pas leur qualité « dominante. Ils rient eux-mêmes de ce défaut « national qu'ils se reconnaissent volontiers ».

Et le journal poursuivant son argumentation ajoute : « C'est un auteur anglais (*Americans and* « *the Britons*, F. C. de Sumichrast,, D. Appleton « et C° 1914) qui a caractérisé comme suit l'An- « glais et l'Américain : Le premier est si absolu- « ment sûr de sa position, de la primauté de sa « nation, qu'il ne croit pas nécessaire de l'affir- « mer ou même de l'exprimer; il est parfaitement « évident qu'il est le sel de la terre. Le second, « encore dans le stage de la jactance, de la fanfa- « ronnade est poussé à célébrer le fait, patent

---

(1) Société ultra américaniste d'une puissance énorme par la situation sociale et politique de ses membres ; société qui pourrait être symbolisée par « Les Etats-Unis aux purs américains de race pure », ayant des ramifications dans tous les Etats et qui se permet des licences extraordinairess : les exécuteurs de sentences se couvrent de cagoules pour flageller sans être reconnus les malheureux sentenciés par leur compagnie pour des raisons insignifiantes réprouvées par leur moralité poussée à l'extrême.

« pour lui sinon pour les autres, qu'il est, et per-
« sonne autre, le produit le plus grand, le plus
« merveilleux, le plus élevé de l'humanité à tra-
« vers les âges; et que son pays est la terre la
« plus merveilleuse que le soleil de Dieu ait
« jamais éclairé de ses rayons ».

D'autre part, au sujet du xénophobisme américain, on lit dans le « Courrier des Etats-Unis » de New-York le communiqué de « l'associated press » suivant : « Washington, 14 sept. Dans un « discours prononcé aujourd'hui à la réunion na- « tionale du Ku Klux Klan, donnant un aperçu « de son programme pour les quatre prochaines « années, le Dr. Hiram W. Evans, « Imperial « Wizard » du Klan, a déclaré que le but prin- « cipal de la société doit être de sauver l'Amé- « rique de l'invasion des étrangers.

« Le second objectif, a-t-il déclaré, est de res- « taurer le protestantisme à la suprématie qui « lui revient dans la vie spirituelle des Etats- « Unis, et d'assurer à chaque citoyen de notre « patrie bien-aimée, la possession indéniable de « la liberté spirituelle.

« Notre troisième but, a-t-il continué, est d'ai- « der les Etats-Unis à *remplir leur destinée divine* « en protégeant la politique fondamentale de « l'Américanisme qui a fait de nous la nation « la plus respectée du monde, ainsi que le peuple « le plus heureux et le plus prospère qui ait ja- « mais existé.

M. Evans a expliqué son programme en déclarant que l'entrée de l'Amérique dans la cour mondiale serait un pas en arrière et une « grave erreur ». Il s'est déclaré partisan des mesures suivantes :

« L'enseignement de rigueur dans les écoles pu-

« bliques avec la coopération la plus étroite en-
« tre les gouvernements de la nation, de l'Etat et
« de la localité.
« L'inscription des étrangers et la déportation
« de tous criminels étrangers, afin de diminuer
« le nombre des crimes.
« Un effort et un appui sincère à la « cause de
« la prohibition ». (On dit que l'orateur principal à la séance d'hier soir, résident de Washington, a un poste très élevé dans l'organisition).

Il a prédit l'exclusion des immigrants dans quelques années et a déclaré que quoique le Klan ne cherche pas querelle aux catholiques, il est décidé à soustraire la politique américaine à toute influence de l'Eglise catholique. L'orateur a ajouté que le congrès eucharistique qui a eu lieu il y a quelque temps à Chicago avait été un défi à l'Amérique...

Répondant à ce discours, qui avait été annoncé comme le discours de bienvenue aux délégués, un second orateur anonyme, « cyclops » d'un Etat du Sud, déclara « que la lutte entre le
« Klan et l'antiklan était une lutte de races. Cet
« orateur a rappelé les lois sévères qui existent
« dans les Etats du Sud contre les mariages mix-
« tes et a engagé les membres du Klan du Nord à
« faire adopter des lois semblables dans toute la
« nation... »

Dans les classes élevées à l'étranger, où l'éducation couvre la marchandise ou l'apparence, le sentiment anti-étranger ne paraît pas très prononcé, le fanatisme national n'en existe pas moins, mais dans le peuple, subissant l'ascendant de la chose imprimée et qui ignore la diplomatie, on déguise moins sa pensée ; nous avons entendu ce boniment idiot, comme un cliché répandu dans presque tous les pays où nous avons passé : « les étrangers vienent manger notre pain », et le côté bizarre est qu'il est le plus répandu dans les pays où l'on n'en mange pas, où le peuple s'alimente de « tortilles », galettes plates commes des crèpes, faites de farine de maïs.

Voilà les effets de certaine presse tendancieuse qui n'est pas désavouée par la grande presse, et qui existe dans tous les pays, se posant en éducatrice, malheureusement dans le mauvais sens; elle est la semeuse de zizanie, en exploitant la crédulité et les travers de l'humanité, terrain propice, selon certains psychologues un peu osés, qui prétendent que l'humanité n'agit que par des vibrations dont la variété se divise en deux catégories opposées : les vibrations heureuses ou favorables (qualités), et celles critiquables ou défavorables (défauts), et que, généralement dans chaque individu on rencontre en majorité les vibrations de la seconde catégorie ; d'où il ressort que si les gens ne veulent pas en convenir pour eux-mêmes, ils admettent très volontiers la même proportion chez autrui, et en corrélation à cette manière de voir, ils arrivent à imputer leurs propres défauts aux autres, et par suite, un peuple est tout disposé à avoir la même opinion sur un autre peuple pour peu qu'on le lui suggère, et la chose imprimée a pour effet de l'enraciner.

Nous invitons tous les internationalistes à aller à l'étranger pendant quelques années, pour y vivre en travaillant ; probablement ensuite, ils changeront d'avis, et comme nous, ils seront heureux de retourner dans notre bonne et belle France, que l'on trouve encore plus belle quand on en a pratiquement fait la comparaison avec d'autres pays pendant une période assez longue.

Le Français, toujours frondeur, se plaint en France, que dirait-il s'il était ailleurs pour y gagner sa vie ? Il serait bon que tous ceux qui prônent le communisme allassent en Russie durant quelques années pour y vivre de leur travail, on verrait, à leur retour, s'ils ont conservé la même opinion.

La félicité est grande en Russie, nous apprend la traduction complète du code criminel de l'U. R. S. S., que l'on peut se procurer à Londres pour 9 pences. La liberté, tant appréciée chez nous, y est inconnue là-bas, leur code criminel condamne tous actes, propos et même l'intention, considérés comme anti-bolchevik, même si l'acte n'est pas directement dirigé contre les aspirations de l'U. R. S. S., lorsque la personne qui le commet sait qu'elle met en danger les conquêtes économiques de la Révolution prolétarienne, et laisse au juge le soin de châtier impromptu... tout le reste. Autrement dit, le droit de critique, de parole, et même de penser n'est pas toléré à tout individu qui n'approuve pas la politique directoriale.

Une stipulation refuse aux travailleurs d'un Etat « prolétarien » le droit de faire la grève : « Tout refus d'exécuter des travaux d'importance « nationale est puni d'une peine d'emprisonne- « ment ou de servitude pénale d'au moins six « mois. Tout homme se soustrayant au service « militaire obligatoire, même s'il agit sous l'in- « fluence de scrupules religieux, est châtié. » Vive le communisme libertaire ! (*Le Matin*, 31 août 1925).

***

14. *Revision du Code de justice trop compliqué et trop bénin, et de tous les codes, suivant la nouvelle base sociale.*

Il est de notoriété publique que nos lois sont trop compliquées.

Depuis Napoléon, à qui l'on attribue l'idée méritoire des différents codes, les fabriques de lois, autrement dit, les parlements, en ont élaboré sans discontinuer, à jet continu, des quantités innombrables, qui augmentent chaque jour et s'accumulent au point d'humilier l'Himalaya.

Naturellement, les lois, au fur et à mesure qu'elles virent le jour, apportèrent avec elles des abrogations de lois antérieures ou des parcelles de lois. On serait tenté de croire que, par ces abrogations successives, les lois des anciens régimes auraient complètement disparu, il n'en est rien. On est tout surpris d'apprendre, de temps en temps, que la Justice, dans de retentissant procès, exhibe des lois élaborées au temps de Louis-Philippe, de Louis XVIII, et même des plus anciennes ; ainsi, tout récemment, *Le Matin* du 17 avril 1927 nous annonce qu'on a appliqué un certain article 11 d'une loi de 1777 contre trois malheureux pêcheurs à la ligne qui avaient commis l'incroyable délit de s'être assis sur des « perrés » (murs de bordure d'un réservoir d'eau) pour pêcher plus tranquillement dans la rivière !

Il ressort qu'il y a encore en vigueur, des lois des régimes déchus, dont l'esprit de l'époque qui les a vu naître, ne concorde plus avec celui de la présente civilisation. C'est bizarre.

Cela rappelle les vieux [illegible] démodés, que le commerçant roublard extrait du fin fond de son magasin, quand il se présente un client médiocrement dessalé, pour les lui coller.

En plus de cette formidable multiplicité de lois de tous les âges, qui se contredisent, que l'on appelle communément le « maquis de la procédure », les délices des chicaniers et des procéduriers, et qui rend la Justice lente et pénible, les lois modernes, élaborées tout récemment, n'en sont pas moins d'une complexité inimaginable, au point qu'elles ont fait dire par *Le Matin* du 29 Mai 1926, journal qui, certes, n'est pas des partis de l'opposition : « Les lois et règlements sont « aujourd'hui si incompréhensibles que person- « ne ne les comprend plus, ni ceux qui les vo- « tent, ni ceux qui les appliquent... »

La Justice, dans ces conditions, n'est plus de la vraie justice, elle devient le lot du plus malin, du plus retors, et en marchant ainsi, d'année en année, elle deviendra à un moment donné, absolument problématique ; nous n'irons pas jusqu'à la nier, mais nous constatons que par ce chemin elle s'éloigne chaque jour, un peu plus, de la démocratie. Les difficultés de plus en plus grandes, dans cet enchevêtrement d'écrits, font que, seuls, les grands esprits, les bâtonniers, les grands maîtres de la parole, les doubles maîtres (pardon) peuvent s'en tirer, et malheureusement ils ne sont pas accessibles à toutes les bourses.

Les journaux du 9 juin 1926 nous apprennent « que le Sénat a examiné une proposition de loi « fort importante pour le commerce. M. Noël, « rapporteur, expose le mécanisme d'un projet « qui a pour but de corriger et de coordonner la « législation antérieure ». Les législateurs s'aperçoivent tout de même qu'une coordination est utile, mais c'est toujours la même histoire, elle ne porte que sur certains points de législation. En l'ocurrence, il s'agissait des admissions temporaires de marchandises en franchise de droits, et à charge d'exportation.

Il est nécessaire que les codes, tous les codes, soient refaits entièrement, pour que les lois soient modernisées sur les bases de la nouvelle société démocratique, suivant l'état d'esprit actuel, en s'inspirant de l'évolution de la société et des circonstances ; et surtout que les codes soient réduits à leur plus simple expression et compréhensibles pour que la fameuse formule « Nul n'est sensé ignorer la loi » cesse d'être la plus vaste tartuferie du monde.

Tout se modifie par le temps, tout doit être modifié pour suivre le courant de la vie, ainsi le pensent avec justesse (c'est quasi justice) nos Immortels qui, à certaines époques revisent et rectifient le dictionnaire de notre langue, qui fut la langue diplomatique et que les ineptes politiciens qui ont dirigé et qui dirigent les destnées de notre belle France n'ont su lui conserver cet honneur. Cela, c'est un peu la faute du peuple, trop crédule, qui ne sait discerner l'homme de bon sens du turbulent, faiseur de boniments, prometteur de poules-au-pot et inapte aux choses pratiques.

Il est pénible de constater l'affluence considérable des délits et des crimes de tous genres, qui se commettent en cette époque de misère ; les causes profondes, nous les connaissons, c'est le résultat de la mauvaise organisation sociale, qui peut se traduire par cet aphorisme : « Tout pour quelques-uns, rien pour les autres ». Pour quelques-uns, les favorisés de la fortune, tous les avantages de la vie ; ce sont les jouisseurs par ostentation, dont le luxe insolent suscite les envies et les haines.

Les autres, les malpartagés et les abandonnés, spectateurs impuissants, leur sens moral dévie peu à peu. Ceux-ci en un jour de découragement échouent dans l'armée du vice et du crime qui recrute sans cesse ; ils vivent dans ce milieu, ils y croissent et y trouvent les éléments d'une vie, dangereuse évidemment, mais plus facile.

Ces circonstances malheureuses n'échappent certainement pas à la perspicacité de nos juges, qui souffrent eux-mêmes des difficultés de l'existence, difficultés magistralement exprimées par M. Georges Suarez en un article intitulé « La misère sous l'hermine », et probablement toutes ces souffrances, plus ou moins profondes, appréciées par des âmes également souffrantes, sont-elles la raison des sentences bénignes orientées vers le minimum du châtiment, et l'adoption presque constante des circonstances atténuantes.

Cette catégorie de malfaiteurs, produits du malheur, dont la pensée et le geste pourraient presque être considérés comme correctifs à la mauvaise organisation sociale, a quelque peu droit à l'indulgence, mais malheureusement pas pour longtemps. Dans cette voie du brigandage, comme dans celle d'une autre nature, que la société tolère tout en la réprouvant, il n'y a que le premier pas qui coûte ; immédiatement vient l'habitude, facilité surtout durant leur séjour dans les écoles du vice : les prisons, par les leçons des professionnels de la cambriole et du surin, que ces malheureux y rencontrent. Après leur sortie, c'est fatal, ils deviennent bientôt maîtres en leur genre ; c'est une nouvelle carrière pour eux, et ils font école à leur tour. C'est la contamination.

Carrière ? Certainement, puisque les journaux annoncent à peu près quotidiennement l'arrestation de récidivistes invétérés, possesseurs de nombreuses condamnations, qui ne les empêchent pas d'être en liberté.

Là, nos juges ne sont pas suffisamment armés, nos lois sont trop pauvres, les rigueurs de la Justice française prêtent à rire, les professionnels en question s'en gaudissent, la magistrature ne leur en impose point, ils se montrent insolents avec les commissaires et les juges d'instruction, ils discutent sur un pied d'égalité, et ils font des déclarations de principe en leur genre, comme certain Rème, au Chef de la Sûreté : « Un tel, « mon complice, possible, mais ne comptez pas « sur moi pour le dénoncer. » Plus loin, il dit : « — Quant à moi, je garde les 150 billets de mille francs. » « — Où sont-ils ? » lui demande le Chef de la Sûreté. « — Ils sont dans ma poche, dit Rème, mais vous ne les trouverez pas, pas plus que vous trouverez l'immeuble que je possède à Paris. » Fanfaronnade, c'est certain, mais, c'est la constatation de ce que l'appareil judicaire a perdu de son prestige imposant.

Un autre cas, au hasard, d'attitude moins qu'irrespectueuse vis-à-vis de la magistrature : On a arrêté un certain Lucien Eugène Barjonet, 27 ans, inculpé d'avoir cambriolé un château et de s'être emparé d'une grande quantité de bijoux dont la police a retrouvé une grande partie ; au juge d'instruction, il déclare : « Quant aux bijoux qui manquent, vous ne connaitrez pas plus l'endroit où ils se trouvent que vous ne connaitrez mon domicile. Tout ce que je puis vous dire, c'est que j'ai opéré seul. Je suis cambrioleur, mais je ne suis pas un mouchard. » Quelle impudence ! C'est l'esprit d'imitation qui fait école dans la basse-pègre. Si cela se passait dans bien des pays que nous connaissons, civilisés également, 50 coups de gourdin leur feraient bien abandonner leur attitude insolente et autant chaque matin leur délieraient la langue et les mettraient sur la voie des aveux.

Puis enfin, avec une désinvolture outrecuidante, les bandits modernes supputent l'importance de la peine (ils sont forts en droits, Messieurs les bandits), alors, la Justice n'étant plus redoutée, la protection des citoyens est aléatoire, ceux-ci étant appelés à être victimes à tour de rôle.

Notre civilisation, il faut le reconnaître, est idiote, en ce qui touche les sentiments d'humanité qu'on a envers ces êtres abjects qui en manque totalement, et qui ne les apprécient que pour les exploiter et en abuser. C'est l'unique raison du si grand développement du banditisme. Les policiers ont des revolvers, et il leur est interdit d'en faire usage le cas échéant ! ! ! Aux Etats-Unis, les agents de police sont exercés au tir, et à un lascar qui veut leur échapper, ils lui crient « stop », s'il ne s'arrête immédiatement, ils lui tirent dans les jambes, et ils font mouche à tous coup. Tout le monde trouve cela très naturel. Allez voir partout ailleurs, c'est la même chose, l'autorité use de la force, chose absolument indispensable pour se faire respecter.

Les honnêtes gens n'ont pas peur des gendarmes, ni de la police.

Nous dirons une fois de plus que, s'il est sage et humain d'être indulgent pour la première faute, il est absurde de persister dans l'indulgence avec des ennemis déclarés de la civilisation, des scélérats à instinct crapuleux, qui ne subsistent qu'en faisant des victimes. On ne fait pas de sentiments avec les fauves.

Il faudrait admettre un système de coefficient progressifs de différents types pour que chacune des catégories de délits et de crimes soit assujettie à un coefficient spécial qui deviendrait progressif par les récidives, de manière qu'à la troisième comparution devant les tribunaux, le bandit soit passible de la relégation. Les incorrigibles, les irréductibles sont des incurables à parquer définitivement.

On arriverait peut-être ainsi à éliminer une grande partie des malfaiteurs ; les risques devenant plus grands, certains pourraient réfléchir et peut-être s'amender. Et durant une période à déterminer, on devrait suspendre les circonstances atténuantes, et condamner à la peine capitale sans remord tous ceux qui ont répandu le sang, en faisant usage d'une arme pouvant donner la mort, sans même que mort s'ensuive ; seul, le geste vaut, dans ce cas seulement. Celui qui se sert de ces instruments de mort, a l'intention de donner la mort, s'il en était autrement, il se servirait d'instruments moins dangereux ; donc, l'acte par lui-même, qui est un acte de sauvagerie, doit être réprimé exemplairement.

Il est pénible de constater que nos mœurs, jadis si paisibles, évoluent dans le sens sanguinaire, aujourd'hui le sang coule trop facilement, il faut réagir contre cette tendance par des châtiments exemplaires, tout comme dans les milieux militaires, pour qu'ils servent de leçon à tous. Par la suite, il y aura certainement moins de délinquants.

En France, les pénalités sont les plus douces du monde, aussi, ne faut-il pas s'étonner que nous soyons débordés par les malfaiteurs internationaux, lesquels, envisageant la malchance, considèrent le séjour dans les prisons françaises comme une villégiature, alors qu'à l'Etranger, non seulement ils tremblent devant une police forte, puissante, indiscutée, et armée de bâtons dont elle se sert — et comment ! — mais encore ils appréhendent les prisons, d'où ils ne s'échappent pas. A l'Etranger, on est pratique, la prison fait peur, elle n'est jamais remplie, économie nationale.

En France, les prisons se remplissent, les dépenses nationales augmentent, et ces entretenus aux frais des honnêtes gens, ne rêvent qu'au chambardement général, espérant que, à l'instar de certains pays, à révolutions périodiques, à pronunciamientos chroniques, une révolution leur ouvrira toutes grandes les portes, sachant trouver là les principaux éléments du terrorisme indispensable à sa réussite. C'était pour obvier à cet évènement toujours possible que le grand homme d'Etat Mexicain qu'était le général Porfirio Diaz, avait supprimé les prisons dans la métropole mexicaine, et les avait transférées dans les îles du littoral, il a pu ainsi conserver le pouvoir, dans la paix et la sécurité, durant 35 ans.

Si les vols et les crimes vont crescendo, cela aussi est dû en grande partie, au système exécrable des pénitenciers, système qui a l'empreinte capitaliste, tout y a été réglé pour servir au Capitalogre. Les prisons ne sont pas des centres de punition, ce sont des ateliers, productifs naturellement, qui enrichissent les concessionnaires par des prix dérisoires de main-d'œuvre. Cette main-d'œuvre anormale, du point de vue social, est la concurrence la plus déloyale et la plus hypocrite, que la légalité de notre République capitaliste ait pu concevoir au détriment des ouvriers libres et honnêtes, grevés de frais et d'impôts.

L'objectif pénitencier de la prison est non seulement amoindri, mais annihilé par la réunion en commun dans les ateliers, préaux, réfectoires et dortoirs, de toute cette théorie de condamnés qui philosophent à leur manière, et que, quels que soient les règlements, peu rigides d'ailleurs, et la surveillance, ils trouvent le moyen de se reconnaître et de se concerter, malgré les cagoules, il s'ensuit qu'une prison est un milieu où les gredins se perfectionnent mutuellement, c'est une école de crapulerie, presque un club.

Tout individu qui entre en prison est un homme perdu pour le bon sens, il devient un dévoyé sans remède.

Si l'on veut absolument que la prison soit un lieu de châtiment véritable, capable de provoquer la régénération, il faut abandonner complètement le système actuel, seul le régime cellulaire est efficace, l'isolement du condamné le portera à réfléchir et lui fera comprendre la leçon que la Justice lui inflige, et évitera à beaucoup, susceptibles de revenir dans le droit chemin, le commerce néfaste de camaraderie avec les grangrenés, qu'ils ne peuvent éviter par le contact actuel, et qui leur porteront plus tard préjudice, dans les circonstances de la vie, où, reconnus par l'un de leurs ex-compagnons, leur situation sociale, s'ils s'en sont créé une, deviendra intenable.

Le respect des principes veut qu'on ne doit pas faire des prisons des établissements industriels à rendement quelconque, c'est une conception erronée, indigne de la majesté de la Justice, que l'on pourrait soupçonner être intéressée à ce mercantilisme. Nous nous souvenons d'un bruit lointain, il y a une trentaine d'années, peut-être davantage, un concessionnaire de la prison de Clairveaux, croyons-nous, s'était plaint au Ministre de l'Intérieur de la pénurie de prisonniers, c'est-à-dire d'ouvriers sur lesquels il était en droit de compter ; on y fabriquait des lits en fer si nous avons bonne mémoire, aussitôt, des rafles de vagabonds eurent lieu, et peu de temps après, la prison était remplie à nouveau. Ainsi le disait la rumeur publique. Si cela est vrai, c'est indigne.

Il en est de même dans les maisons de correction. Il est matériellement impossible d'obtenir des améliorations aux mauvais penchants de cette jeunesse pervertie dans de pareilles agglomérations de malandrins ; le contraire se produit par la contagion mutuelle des pires instincts. Tous ces pensionnaires deviennent à leur majorité, à leur sortie, les ennemis irréductibles de la société et constituent la grande clientèle des tribunaux. Ce n'est certainement pas le but que la Justice poursuit.

Dans un ordre d'idées parallèles, il y a des établissements de régénération pour jeunes filles, sous des patronages ecclésiastiques, qui ne sont rien moins que des établissements industriels déguisés de grand rapport, dont les produits assortissant les grands magasins en lingerie, sont faits avec une main-d'œuvre quasi nulle, et qui constituent, comme ceux faits dans les prisons, une concurrence foncièrement déloyable à l'ouvrier et à l'ouvrière libres, qui ont des charges et qui sont accablés d'impôts.

Tout ceci rentre dans le cadre de notre organisation sociale, pour faire la répartition du plus grand nombre d'ouvriers et d'ouvrières, afin d'éviter le chômage. Cette mesure sera le complément de celle touchant le Capitalogre en le limitant, pour le diviser au profit de tous les commerçants ou industriels. Cette parenthèse était nécessaire.

En attendant toutes ces réformes, l'afflux actuel des crimes et des délits de tous genres oblige à des redressements des pénalités, il y a des courbes à considérer en Justice comme en toutes choses, la preuve est qu'après avoir aboli la peine de mort à une certaine époque, nos législateurs ont été obligés de la rétablir quelques temps après, en présence de la recrudescence des crimes qui se commettaient assurément en raison du rabais dans le châtiment majeur. Aujourd'hui il y a quelqu'analogie avec cette période de mansuétude, si Thémis est débordée d'occupation, en ces temps d'augmentations générales à jet continu, c'est qu'au lieu de suivre le mouvement, elle a maintenu son tarif d'avant-guerre.

Dans l'Etat de Veracruz, au Mexique, en 1900, sous la présidence de Porfirio Diaz, nous avons vu appliquer des sentences de Justice extraordinaires, à la Dracon. Dans cet Etat où l'élevage se fait en grand, les vols de bétail étaient tels, qu'aucun propriétaire ne pouvait conserver la moindre vache ; aussi le Gouverneur de l'Etat est-il arrivé après les élévations successives de peines d'amendes et de prison sans grand résultat, à punir de mort tout voleur de bétail. Il y eut une cinquantaine d'exécutions, jugements rendus dans les 48 heures, les condamnés au poteau et fusillés. Les bandits ont reconnu que les risques étaient trop grands, c'était payer trop cher, ils ont abandonné leur exploit dangereux, à la grande satisfaction de la population, et peut-être sont-ils devenus honnêtes.

Si la discipline fait la force des armées, la sévérité et la rigueur sans faiblesse dans les châtiments de Justice, font la protection de la civilisation.

Autre réforme qui touche de près la Justice, se rapportant à l'état civil, qui peut être instruite comme justice sociale.

De tous temps les noms de famille ont été uniquement celui du père, c'est un usage qui nous vient des coutumes séculaires de la noblesse, pour sa descendance au profit du mâle; les noms patronymiques de la femme disparaissent par le mariage. La roture ne pouvait faire exception à la règle des grands. Mais depuis la bienfaisante Révolution Française, qui a porté ses fruits dans le monde entier, la roture a cessé d'être une quantité négligeable, elle a fait un peuple de progrès ; elle a produit des hommes de talent dans tous les genres, des hommes de génie, des hommes illustres de réputation mondiale, elle en produit sans cesse, en raison du développement de sa fine culture.

Aujourd'hui où l'individualité a une valeur intrinsèque, sa dénomination est insuffisante; à preuve les nombreuses personnes qui ont joint par un trait d'union à leur nom patronymique un autre nom ou des prénoms, formant ainsi un nom composé, dans le but d'être plus spécialement désignées, donc il y a dans cette vieille coutume du nom unique une lacune qu'il est temps de combler.

Notre civilisation moderne, surtout dans l'ère nouvelle qui s'ouvrira pour la démocratisation absolue de la société, veut que la femme soit considérée l'égale de l'homme, comme associée à l'homme dans la vie, par le fait indiscutable qu'elle est l'un des deux éléments de la procréation, et pour cette raison, répudie l'espèce de tutelle du mari, sous laquelle les coutumes des archaïques civilisations l'ont placée.

Il n'y a pas de sexe fort ni de sexe faible dont l'un doit imposer sa volonté à l'autre; il y a en réalité deux êtres de nature différente, aussi intelligents l'un que l'autre, qui sont faits pour se comprendre par le raisonnement, et qui doivent s'entendre par des concessions mutuelles. Si en quelque sorte les rôles de chacun d'eux sont indiqués par la Nature, l'un pour assurer les ressources de l'existence, l'autre pour diriger l'intérieur familial avec ses responsabilités morales, lesquelles ne sont pas exemptes de difficultés, il ne s'ensuit pas qu'il y ait un chef de famille, il y en a deux : il y a association, il y a deux êtres qui se doivent des comptes l'un à l'autre, et les droits de chacun d'eux doivent être les mêmes.

Quand l'homme comprendra que la femme ne doit plus être un objet de parade, de distraction et de caprice, qu'il la traitera sur un pied d'égalité, la femme foncièrement intelligente adoptera son véritable rôle, son rôle positif avec satisfaction et, probablement avec soulagement, elle abandonnera celui artificiel, de paraître constamment un jouet affublé de colifichets tapageurs, lequel rôle lui est quasi imposé par les mœurs que nous avons faites nous-mêmes, et qui est incontestablement l'œuvre du Capitalogre. Quoi qu'on dise, la femme est ce que l'homme l'a faite, elle mérite mieux, amendée par la sagesse de sa réflexion, elle reconnaitra que le bonheur n'est pas dans l'apparat.

La femme jouissant des mêmes droits que l'homme, la dignité qui s'attache à sa personne doit être visible, et son nom dont elle doit être fière se perpétuera dans ses enfants, dans son œuvre dont elle a le droit de s'enorgueillir; elle signera ainsi et aussi chacune de ses créations de son propre nom, de son nom de famille. Les enfants doivent s'appeler les deux noms assemblés du père et de la mère, comme cela a toujours eu lieu en Espagne. Ainsi : M. Durand ayant épousé une demoiselle Benoit, les enfants doivent être connus sous le nom de Durand-Benoit.

Et pour les générations suivantes, où les deux conjoints ont chacun un nom composé, il sera établi en principe, que les enfants porteront le premier nom du nom composé de leur père et de celui de leur mère.

Cette combinaison peut paraitre originale à première vue, elle a d'immenses avantages sur la dénomination unique du côté paternel :

1° Les prénoms, qui sont d'un nombre illimité, joints au nom patronymique ne constituent pas une garantie pour la désignation d'une personne, la preuve est que, dans certains cas, où un individu s'est illustré par un délit quelconque, immédiatement un ou des homonymes ayant, par conséquent, même nom et même prénom déclarent par la voie de la presse qu'ils n'ont rien de commun avec l'individu en question. Il est presque impossible que cette homonymie se reproduise par la jonction de deux noms de famille, paternel et maternel.

2° Quand un personnage devient célèbre, et qu'il a un fils à qui il donne son propre prénom, c'est son droit, comme Alexandre Dumas par exemple; le fils ayant pris la même carrière que le père, pour les distinguer dans leurs œuvres, ils ont dû joindre l'un et l'autre une qualification de « père » et de « fils ». Mais supposons que le fils soit devenu père à son tour, et que, fier de son nom et prénom, en en reconnaît le bien-fondé, il ait transmis son même prénom à son fils; en respectant les qualifications précédentes, celui-ci devrait prendre celui de « petit fils »; mais alors, c'est honorer spécialement le grand-père et non le père.

Si le système de la jonction du nom maternel à celui paternel eut été adopté à l'époque, les qualifications de « père » et de « fils » eussent été inutiles ,les deux Alexandre Dumas auraient eu forcément leur second nom différent.

3° Un nom rendu célèbre devient une gloire nationale et a besoin d'être conservé par la transmissibilité, il l'est normalement quand il est l'apanage d'un descendant du sexe masculin, mais si malheureusement il est celui d'un être du sexe féminin, il est voué à l'oubli. C'est ce qui arrive dans les descendances où le côté mâle n'est pas représenté, c'est une iniquité sociale parce que le nom de la mère est une raison par droit de la Nature, le sang de la mère et de sa race circule aussi dans les veines de l'enfant, et même davantage que celui du père. En Espagne, on reconnaît hautement la gloire de la mère dans son enfant, l'exclamation admirative et très fréquente de « Viva su madre » (Vive votre mère) faite à l'adresse de personnes intéressantes à un titre quelconque, est pour désigner la reconnaissance qu'on lui doit d'avoir enfanté un sujet de valeur.

Donc, le nom de la mère s'impose, et s'il est auréolé par des œuvres méritantes, il doit être reconnu, en principe ,que l'enfant, à sa majorité (25 ans) aura le droit de porter le seul nom de sa mère, par un simple jugement d'état civil, sans admission d'opposition, quelle qu'elle soit, même de la part du père.

La transmissibilité des beaux noms sera ainsi assurée.

De même dans le cas contraire, où l'un des deux noms du nom composé aurait été avili dans des circonstances particulières et rendues publiques, les intéressés auront le droit de le supprimer de leur nom, par un jugement d'état civil, lequel, pour éviter l'équivoque ou les suspicions que produirait alors un nom simple, les autoriserait à substituer le nom supprimé par celui d'un aïeul de l'un ou de l'autre sexe.

Pour bien se rendre compte du rôle national de la mère, il faut être à l'Etranger. Là-bas, comme partout, c'est la mère qui élève les enfants et leur inculque sa langue. Un homme de quelque nationalité qu'il soit, s'il se marie à l'Etranger, ses enfants adoptent forcément la nationalité de la mère; son idiome ou sa langue, plus que les coutumes, l'y oblige. Les enfants sont perdus pour la nationalité du père, et celui-ci, la plupart du temps s'en désintéresse. Combien en avons-nous vu, de ces cas, où les enfants de français à l'Etranger ne connaissent un traître mot de notre langue, surtout aux Etats-Unis, où des quantités de descendants de Français, à noms bien caractéristiques : Mouton, Denis, Chauvin, Rivoire, Benoît, Laporte et autres, ignorent même la France.

***

CONCLUSION

En observant froidement la société moderne, on constate que son organisation est faite au profit du Capitalogre, que toutes les fameuses « libertés » dont le mot claironnant chatouille agréablement l'épiderme du profane des hautes combines, ne sont que des instruments à l'usage du Capitalogre, que celui-ci usant et abusant de sa puissance formidable, profite, prospère et s'enrichit mécaniquement, par la force des choses, en empiétant, appauvrissant, ruinant les uns et les autres; et le peuple souverain, « par le retour des choses d'ici-bas », suivant l'expression de Guizot, redevient peu à peu le manant taillable et corvéable à merci, marche ou crève.

La réduction des heures de travail, les grèves, les luttes de classes, les impôts spéciaux, rien ne fait, rien ne peut, contre la puissance de l'or accumulé, contre ces fortunes, qui sont des montagnes; que les flots populaires ne peuvent entamer.

Le Capitalogre a la souplesse des félidés, il franchit tous les obstacles, il sait se courber dans les circonstances graves, mais il sait se rattraper dans l'ombre, dans l'obscurité par des moyens qui échappent à la sagacité générale, on voit bien des découragés, des victimes dont il connait la cause, mais nos lois toutes de condescendance pour lui ne saurait les lui imputer. Quelques exemples : Voyez les annonces au cautionnement, les ventes de propriétés, de terrains à tempérament, celles des fonds de commerce ou de dépôts, généralement sans valeur, vendus à échéances échelonnées et qui retournent au vendeur faute d'un paiement, et qui se trouvent ainsi vendus plusieurs fois, par l'appui des lois de notre société capitaliste, après avoir ruiné et englouti les crédules acheteurs, ce sont les victimes dont quelques-unes désespérées se suicident. Personne n'y peut rien, tout est légal.

Dans notre organisation sociale qui préconise « à chacun une situation » sans dépôt ni succursale, ces cas sensurables, qu'on n'a pas le droit d'appeler des délits, n'arriveront pas.

Toutes les entreprises financières, les banques et les compagnies où l'argent est une marchandise, font, en marge de leur industrie, des opérations commerciales plus ou moins critiquables, que nos législateurs, cependant intelligents, n'ignorent pas, et dont le peuple souffre toujours. D'où viennent les immenses capitaux qu'exigent les accaparements ? donc, le droit de regard de l'Etat a sa raison d'être.

Dans cette société mal faite, tout fuit, tout glisse, tout tombe, tout le monde s'en rend compte, tout le monde voudrait faire quelque chose pour réagir, et personne ne sait quoi. D'aucuns imputent le mal au Capital, ils ne sont pas éloignés de la vérité, ils brûlent, comme on disait autrefois dans les jeux enfantins lorsqu'on approchait de l'objet caché; pour le bien désigner, nous l'appelons le Capitalogre, mais il n'est qu'un élément, l'élément positif; il a besoin pour produire, de l'élément négatif, il le trouve dans la « liberté du commerce ou autre », c'est-à-dire une liberté quelconque; avec cela, il engendre la force terrible qui rémue le monde.

De même que les tripots, favorisés par une puissance d'attraction spéciale, arrivent à rafler tout ce qui se présente, le Capitalogre par la puissance coercitive qui lui est propre attirera à lui toutes les ressources de la Nation, qui viendront s'agglomérer dans une quantité de mains plus réduite encore ; c'est une question de temps. C'est fatal. Et, par ailleurs, en Amérique, d'autres Capitalogres encore plus puissants, draineront à eux celles du monde entier. C'est écrit.

D'ailleurs, ils ne s'en cachent pas, ils veulent dominer les Nations et non dépendre d'elles. Au sujet des réserves de pétrole des Etats-Unis, qui, paraît-il seront épuisées dans 6 ans, les rapporteurs de la commission spéciale parmi lesquels se trouvait M. Hoover, ministre du commerce, ont remis le 7 septembre 1926 un rapport au Président Coolidge l'avisant de cette prévision, et disait en substance : « ......Nous avons déjà vu « ce que c'était que de dépendre de l'Etranger « pour des matières comme le caoutchouc, les « nitrates, la potasse. Cette expérience devrait être « pour nous un bon avertissement.

« Il y a dans le Mexique et en Amérique du « Sud d'immense champs pétrolifères qui n'ont « pas encore été explorés. Nos compagnies de- « vraient y effectuer sans tarder des recherches, « car il est absolument essentiel que ces gise- « ments soient à l'avenir contrôlés par des ci- « toyens Américains ». (*Le Matin*). —

Et puis, nous le sentons déjà chez nous, toutes ces succursales en France d'entreprises étrangères dont les sièges sociaux sont à l'étranger, ne sont-elles pas les tentacules de pieuvres étrangères. En France, il n'y a que l'atelier, on ne lui laisse que les ressources nécessaires à son fonctionnement, mais les fonds sociaux et les bénéfices sont centralisés au siège social, les traites sont tirées de l'étranger, la fortune globale de l'étranger grossit d'autant.

C'est réciproque entre toutes les Nations, dira-t-on, ce sont des accords de libre-échange dont tous les grands politiciens de tous temps furent partisans, et qu'ils ont créés. Ah ! qu'on nous la baille belle ! ! !

Réciprocité ? Où donc sont les succursales de nos maisons françaises, de nos banques ? Dans quels pays ? Si, en cherchant bien, on réussit à en trouver quelques-unes, et mesquines, sont-elles l'équivalent des nombreuses succursales étrangères, comme nombre, et surtout comme chiffre d'affaires ?

Libre-échange ? Conséquence de ce qui précède, pour nous faire avaler la pilule, et nous l'avalons très gentiment; le résultat de ce libre échange est, c'est le cas de le dire, que nous avons consenti librement à échanger un bœuf contre un œuf, nous fournissons le bœuf naturellement, alors, les étrangers ainsi avantagés viennent nous soutirer le peu d'or qui nous reste.

Politiciens ? Théoriciens, mais non praticiens, dont les combinaisons théoriques ont rarement profité à la France, et dans le domaine de la pratique, nous avons toujours été des enfants de troupe faciles à endoctriner; en somme, dans la comédie internationale, nous faisons constamment les rôles de dupés. En attendant, l'étranger vient chez nous, faire la cueillette.

C'est une autre preuve que la fameuse « liberté du commerce » est une arme à deux tranchants, et que les étrangers la manient supérieurement contre nous, donc, sa suppression s'impose sans phrases.

Pendant que nous nous débattons avec l'infortune, la prospérité étrangère, surtout celle américaine, devient scandaleuse, les journaux américains annoncent d'après une statistique officielle de 1920 qu'il y avait aux Etats-Unis 1 milliardaire et 11.000 millionnaires (en dollars, bien entendu). S'il n'y avait qu'un milliardaire, ce qui est douteux, (ces superichissimes ont maintenant presque peur d'avouer leur fortune, et en raison de l'impôt sur le revenu, ils ont des tendances à en masquer l'importance), par contre, combien sont nombreux les millionnaires qui sont affligés de plusieurs centaines de millions. D'autre part et tout récemment une information du Radio à « Le Matin » du 5 avril 1927 annonce que fin 1927 il y avait aux Etats-Unis 39.295 personnes possédant plus d'un million de dollars contre 30.295 fin 1925. On constate le progrès dangereux de ces accapareurs de richesses.

Toutes les eaux vont à la mer, et les gros poissons mangeront toujours les petits; ce sont les lois de la Nature, dont la « liberté » est le grand facteur. Les eaux s'écoulent librement, et les gros poissons ainsi que les carnassiers de tous genres se nourrissent, tout aussi librement, de plus faibles qu'eux. Il apparait que l'homme dans sa civilisation a conservé des points de corrélation avec ces lois naturelles inéluctables, c'est là le côté défectueux de l'humanité, et il est grand temps d'y remédier, sinon, qu'adviendra-t-il plus tard ?

Les peuples se laisseront-ils toujours tondre ?

Si l'on se donne la peine de réfléchir, on se rendra bien compte que le courant du système économique que nous avons adopté ne peut durer à l'infini, le supposer est s'illusionner. Les fabrications industrielles, aujourd'hui poussées à l'excès dépassent déjà, et de beaucoup l'écoulement normal. Tous les magasins débordent de marchandises, et leur écoulement en est limité aux possibilités des acheteurs, lesquelles dépassent quelquefois leurs besoins. Quels que soient les avantages offerts, Monsieur Tout-le-Monde ne pourra certainement pas s'offrir un vêtement tous les deux jours, un mobilier chaque semaine et une automobile tous les mois, même en faisant la supposition gratuite qu'il lui restera un jour un pouvoir d'achat quelconque, ce qui est douteux.

L'heure des déboires n'est pas éloignée, les méventes appellent le chômage et celui-ci, le désordre.

Actuellement la France, par son essor économique plutôt artificiel apparaît sous un ciel éclairci qui tient en réserve dans le lointain des nuages et des orages. Ils sont inévitables.

Toutes les nations industrielles et commerciales, produisant également en excès, éprouvent le besoin de débouchés nouveaux qu'elles acquièrent souvent par des moyens d'intrigues dans les nations civilisées ou par l'intimidation dans celles considérées comme l'étant peu ou point. C'est l'impulsion du Capitalogre.

Et, en définitive, ces débouchés, quels qu'ils soient, n'auront qu'une durée relative, ils ne sont que des trous qui, à leur tour, se trouveront bouchés un jour, les peuples les plus arriérés fabriqueront eux-mêmes ce qu'ils pourront fabriquer ; car depuis longtemps déjà on voit s'élever un peu partout des fabriques en tous genres, et la civilisation répandue apprend à tous les peuples l'art de se libérer de toute espèce de tutelle. Pour le moment, les Capitalogres de partout pour satisfaire leurs princières ambitions lancent en quatrième vitesse leur nation dans la course aux négoces par des combinaisons plus ou moins louches, qui, le plus souvent, attirent des complications internationales.

C'est la course aux abîmes, au néant.

Il est urgent, alors qu'il n'est pas trop tard, alors que la France possède encore quelque chose de réformer la société de fond en comble, pour diviser ces deux éléments dangereux pour l'humanité, le Capitalogre et la « liberté du commerce », supprimer l'un et limiter l'autre par des règlements logiques, vraiment démocratiques, et par conséquent humains, pour obtenir une machine sociale économique perpétuelle à rouages scientifiquement étudiés.

Limiter ? Tout, ici bas, est limité : l'existence de l'homme, les forces humaines et mécaniques : toutes choses, enfin, autour de nous, n'ont qu'une durée limitée, c'est encore une loi de la Nature, mais une loi à prendre en considération. L'homme, par prudence, limite bien la hauteur des édifices, pourquoi le Capital ferait-il exception ?

Réglementer ? Une société quelconque doit être réglementée par des suatuts, la société actuelle n'en a pas, c'est une lacune. On lui fait des lois qui en tiennent lieu ,trop de lois, toutes de répression, et c'est tout.La société vit par déduction de l'adage que « tout ce qui n'est pas défendu, est permis », c'est trop vague.

A par la limitation du Capital et de la fortune personnelle, notre organisation sociale n'a aucune innovation, toutes les mesures que nous préconisons existent; la hiérarchie, la spécialisation du commerce, la limite d'âge et la retraite ont fait leur preuve, et sont adoptées : la hiérarchie ministérielle a son application dans l'armée; la spécialisation du commerce, en faveur des pharmaciens; la distance entre deux commerces semblables, en faveur des bureaux de tabacs; la limite d'âge et la retraite, en faveur des fonctionnaires, des employés d'administrations, des militaires, des marins, etc. (la société a tout de même quelque chose de bon) mais voilà le hic ,c'est au profit de quelques-unes, les privilégiés. C'est précisément ce qui démontre la malfaçon de la société, et qui démontre, en outre, qu'elle est restée « vieux régime » avec les pratiques routinières d'antan, à l'esprit capricieux en faveur des selectionnés; dont elle fait des « aristocrates », qu'elle protège et qui, seuls, ont droit à ses largesses; *il n'y a rien pour populo*, toujours éliminé des combinaisons heureuses, c'est cependant lui, qui par répercussion, paie l'addition, et que l'on appelle « souverain ».

Donc, il est incontestable que si telles mesures sont bonnes pour une petite quantité d'individus, elles seront meilleurs quand elles seront appliquées démocratiquement à tout le monde, les parts correspondantes à chacun seront assurément moins copieuses, mais *suffisantes pour vivre*, et vivre heureux, d'autant plus que, on nous l'a assez souvent rabâché, l'argent ne fait pas le bonheur.

Tout est possible, tout est faisable, c'est une question de *volonté*.

Certainement, des intérêts particuliers seront lésés; il sera pénible à ceux que cela touchera, d'abandonner les avantages, que des coutumes séculaires, avaient consacrés et qui constituaient pour eux, *non une nécessité*, *mais un faste* dont ils ont contracté l'habitude; mais plus tard, quand ces mesures démocratiques auront passé dans nos mœurs, elles paraîtront toutes naturelles; et tout le monde règlera sa vie en conséquence, la gaieté n'en sera pas exclue, au contraire, et la Nation entière y *gagnera*.

Faisons tous des efforts pour éteindre en nous l'égoïsme, en n'envisageant seulement que le bien de tous, que le bien commun, en nous inspirant des magnifiques pensées égalitaires de nos aïeux, les grands réformateurs, en élevant nos âmes au sacrifice nécessaire, à cet héroïsme d'abnégation dont la nouvelle société nous tiendra compte; nous arriverons ainsi à créer une véritable famille française sans division, et peut-être aussi à corriger quelque peu l'humanité en l'orientant, le plus possible, vers la perfection.

Les effets décourageants de la mauvaise organisation de la société actuelle, remettent en mémoire la parole de M. Thiers en 1871 : « La République sera conservatrice ou ne sera pas », la Constitution de 1875 ne pouvait être qu'imprégnée de l'idée émise par « *le libérateur du territoire* », qui fut le premier Président de la République Française.

La Constitution de 1875 n'est plus au diapason de notre époque moderne, le peuple entier réclame.

Il faut bien se pénétrer que nous sommes en ce moment, à un tournant dangereux de notre civilisation, laquelle doit être transformée complètement dans le sens démocratique pur, par des concessions immenses, pour réformer la société à l'amiable. Il n'y a rien d'intangible devant la volonté du peuple, fasse la sagesse de la Nation de le comprendre à temps.

La Constitution nouvelle et la refonte des codes étant des travaux formidables, inspirés par le véritable souffle démocratique, doivent être entrepris par des personnages nouveaux.

Les parlements actuels, invertis en parlotes de conspiration, ayant, pour cette raison démontré leur impuissance, doivent être suspendus, la dissolution s'impose pour faire provisoirement place à une Constituante formée :

1° D'un délégué élu au suffrage universel par département et par Colonie habituellement représentée.

2° D'un délégué avocat-juriste élu par barreau de France et des Colonies qui en ont un. Ces délégués doivent, naturellement, être élus par leurs barreaux *respectifs*.

3° De tous les éléments du Conseil d'Etat.

4° De tous les éléments de la Cour des Comptes.

Il est *évident que* la Constituante devra nommer des comités d'experts dans chaque matière et s'inspirer de leurs lumières, et travailler d'arrache-pied, sans interruption ni vacances.

En attendant la réalisation des travaux de la Constituante, le gouvernement qui sera au pouvoir, restera chargé des affaires courantes du pays, en se basant sur les lois en vigueur.

La *Constituante* n'a *rien* de *commun* avec le Gouvernement, néanmoins celui-ci devra lui faciliter le travail de toutes les manières.

Pour procéder correctement, et dans un temps le plus réduit possible, il est nécessaire de provoquer la Volonté de la Nation en un plébiscite généralisé aux deux sexes. Ce référendum spécial sera le point de départ des droits de la femme et de l'ère nouvelle.

Nous arriverons plus tard au suffrage universel intégral comprenant le suffrage familial, la femme votant pour elle et pour ses filles mineures, et l'homme, pour lui et pour ses garçons mineurs;

le veuf ou la veuve, pour eux et pour leurs enfants mineurs. Mais nous émettons cette opinion, que nous croyons sage, que l'on ne devra admettre le vote familial que quelques années après la mise en pratique de la présente organisation sociale, après que chacun aura pu jouir d'une existence plus facile et du bien-être inhérent à cette organisation démocratique; les électeurs des deux sexes retrouveront le calme et la réflexion nécessaires à toute bonne élection.

Nul ne peut douter que le malaise social et les innombrables difficultés, dans lesquelles nous sommes empêtrés, sèment le mécontentement général, produisent une nervosité, un état maladif, une impulsivité chez les impatients qui sont, hélas, le plus grand nombre, impulsivité, disons-nous, qui peut avoir des effets regrettables dans les élections, faisant, les malheureux électeurs, se jeter par ressentiment et sans réflexion dans les partis extrêmes de la démolition et du désordre; le vote familial ou élargi, en un moment où tout le monde est dans un état fiévreux, plus ou moins prononcé, serait sûrement désastreux.

Démolir et détruire sont choses faciles, c'est à la portée de tout le monde, mais construire, c'est différent, il faut, pour cela, avec du talent, beaucoup de sagesse.

Pour que le suffrage universel soit absolument indiscutable, tout illettré ne devrait pas être électeur, ne sachant pas lire, son vote peut être falsifié ou truqué par autrui, et l'élection peut s'en ressentir.

Comm- chacun a pu s'en rendre compte, le présent opuscule n'est qu'un squelette d'organisation, qui servira d'indications aux travaux de la

Constituante, qui aura ensuite à résoudre les questions de détail, et la mise au point.

Considérations « additionnelles »

La situation économique dans laquelle l'Europe se débat est vraiment pénible ; la cause ? Toujours la même : l'or... de la guerre.

Durant les quatre longues années de guerre, dans toutes les Nations belligérentes d'Europe, la vie productrice économique était suspendue, tous les hommes valides étaient occupés à s'entretuer, les seules industries qui travaillaient étaient celles des munitions et du matériel de guerre, mais à la charge des Nations respectives; le commerce nul, l'agriculture insignifiante, enfin l'existence, la vie de ces Nations et la poursuite de la guerre étaient subordonnées aux importations de vivres et de matériel de guerre. Pas de commerce, pas de recettes, par contre des sorties immenses d'argent, des emprunts, des achats à crédit, la ruine. Tel était le lot des Nations en guerre, et surtout celui de la France.

Nous avons dit « les Nations belligérentes d'Europe »; à cela, il convient de faire une exception : l'Angleterre, qui, hors du continent, séparée du théâtre de la guerre, par conséquent peu exposée, a pu ne pas interrompre ses opérations commerciales, au contraire, elles les a développées par la clientèle presque forcée des alliés qui constituait pour elle quasi un monopole sans concurrence appréciable; donc, prix forts et commerce prospère. Son rayon d'action commercial durant la guerre n'était pas limité à la fourniture des Nations alliées, il s'étendait à celle des Nations Neutres, que, soit-disant, on devait limiter à leurs stricts besoins et qui trouvaient le moyen d'acheter une quantité de marchandises outrageusement supérieure à celle indiquée par les statistiques de leurs opérations dans les années antérieures à la guerre. « Business es business ». Et toutes les circonstances sont bonnes pour la chasse à l'or. Le patriotisme n'existe pas pour l'or.

Une autre Nation amie, l'Amérique, est entrée dans la mêlée la troisième année. Nous devons loyalement reconnaître que son arrivée, son secours à la cause des alliés, a provoqué l'issue heureuse de la guerre.

Dès le début des hostilités, comme l'Angleterre, elle a été également notre banquier et notre fournisseur, et elle n'a cessé de l'être durant toute la guerre en collaboration avec l'Angleterre.

On peut dire que durant ces quatre années de guerre la presque totalité du commerce mondial était entre les mains des Américains et des Anglais comme producteurs et commerçants; leur prospérité, surtout celle des Américains, fut vertigineuse et les autres belligérents furent ruinés.

Ces situations économiques et financières opposées ont pour causes profonde l'âme différente des peuples; les Anglo saxons, dans tous les siècles ont eu, et ont encore l'esprit mercantile beaucoup plus intéressé que les latins, et ceux-ci en fin de compte devaient être, non leurs victimes, le mot est un peu fort, mais sacrifiées à leurs intérêts.

Leur position géographique, éloignée de la zone dangeureuse, leur procurant une facilité relative de mouvements, les désignait tout d'abord au ravitaillement indispensable aux alliés, et leur procurait en outre la possibilité des opérations commerciales, qui ont grossit leur caisse.

C'est ici le point délicat.

En 1914 nos hommes d'Etat ont été, ou trop chevaleresques, ou trop naïfs (ce qui a les mêmes résultats, en ce siècle positif) pour n'avoir point fait de conditions d'alliance, pour n'avoir délimité les charges qui correspondraient par la suite à chacun des alliés, pour n'avoir compris qu'une alliance est une association à effet commun, à but commun et à charges communes et que tout ce qui devait être évalué comme frais, pertes ou dommages devait être tenu en considération pour une répartition proportionnelle définie. Si nos hommes d'Etat n'ont pas prévu ni pensé aux tristes conséquences que nous subissons actuellement, assurément, aux Anglais, businessmen par excellence, dont l'objectif permanent en toutes choses, est la question « argent », cette absence d'engagement ou de responsabilité ne leur a pas échappé.

Que l'on ne vienne pas alléguer que le contrat d'alliance aurait été une chose trop délicate, susceptible de détourner l'Anglais de la guerre. Il y serait venu de toutes les façons ;la violation de la Belgique et « le chiffon de papier » furent des arguments indiscutables, qu'il sut faire valoir. L'Angleterre avait un intérêt de tout premier ordre à être à nos côtés, à ceux de la France et de la Belgique, pour lutter contre l'Allemagne dont la puissance était aussi menaçante pour elle que pour nous; elle savait pertinemment que la France abattue, son tour venait après.

Il en est de même pour l'Amérique qui a été menacée de payer les frais de la guerre, et qui a réfléchi trois ans pour se décider, l'Allemagne avait dans son programme d'aller prendre tout l'or de Washington et quelques territoires comme pied-à-terre futurs, pour punir l'Amérique d'avoir soutenu ses ennemis en leur procurant vivres et munitions par un commerce honnête que le Seigneur de la Guerre réprouvait comme lui faisant obstacle. Le moment était certainement critique. Tous les arguments invoqués, d'amitié séculaire, de Lafayette, de reconnaissance, etc. n'étaient en réalité que de l'eau bénite de cour.

Tous les alliés, sans exception, étaient unis pour un objectif commun, ayant tous les mêmes intérêts à vaincre, pour échapper au péril commun, pour défendre leur vie, leur Nation et leur fortune. De sorte que, tous, nous nous sommes sauvés mutuellement ; la défaillance de l'un des alliés, surtout celle de la France, où l'action était sur son territoire, si elle s'était produite, entraînait forcément la perte irrémédiable des autres.

Alors on est quelque peu surpris que, au règlement des comptes, les Alliés devenus riches, les Anglais et les Américains, les profiteurs de la guerre, puissamment enrichis par les spéculations qu'engendra la guerre, dont ils étaient les seuls à pouvoir profiter, qu'ils n'aient pris en considération toutes ces circonstances et, celles aussi qui, dans ce gigantesque cataclysme, nous unissaient dans l'infortune, et dont les souffrances communes ont transformé des indifférents en amis, en véritables amis. en inoubliables amis, quoi qu'il advienne, en frères d'armes, et que voyant notre situation précaire, les difficultés financières dans lesquelle nous nous débattons, notre ruine enfin, il est déconcertant que ces richissimes alliés, nous présentassent chacun une douloureuse de fournitures aux prix forts, et surtout agrémentés d'intérêts dont quelques-uns à 5 %, lequel intérêt composé à la propriété de faire doubler le capital en 14 années. Toutes ces conditions de fortunes contraires, conséquence de la guerre, appelaient un règlement autre que celui commercial, un règlement circonstanciel de générosité et d'abnégation comme celui que fait un capitaliste, un fournisseur à un débiteur acculé, en présence d'une mauvaise affaire, il abandonne ses gains ou ses bénéfices par un rabais correspondant, et pour assurer le paiement, il offre ou il accepte un long délai sans intérêt, heureux est-il de rattraper son capital. Il manque de gagner, c'est certain, mais il ne perd pas, son capital lui sera remboursé.

Quand un commerçant prend de telles dispositions avec son débiteur malheureux, ce n'est pas par philanthropie, c'est qu'il juge que c'est le meilleur moyen ou plutôt le moins mauvais pour se récupérer de ses débours. Mais quand il s'agit d'une Nation, surtout immensément riche, ses opérations ne sont pas assujetties à la rigidité commerciale, le geste alors devient philanthropique, admirable et la reconnaissance sincère lui est acquise, et tout bien compris, dans ces temps d'adversité générale, c'est être bien partagé, de n'avoir entamé son capital.

Malheureusement, il n'en est pas ainsi, et les exigences de ces deux Nations sont analysées sévèrement par la presse qui réfléchit ; l'éditorial du 29 mai 1926 du *Courrier des Etats-Unis*, sous la signature de M. Firmin Guego, relatant également des extraits de presse de Paris, qui mettent en lumière la différence dans les procédés de nos deux grands créanciers, doit nous servir d'enseignement. Cet article est du temps où M. Raoul

Péret était Ministre des Finances, mais son contenu en est toujours d'actualité, il y est dit ceci :

« La récente visite de M. Raoul Péret à Londres « n'a eu pour résultat que d'amorcer les négocia- « tions sur la dette française envers l'Angleterre. « Depuis la rentrée en France du ministre des Fi- « nances, les experts français continuent, avec « leurs collègues anglais, à établir les bases d'un « accord, et, pendant ce temps, l'opinion fran- « çaise se demande quelles conditions de règle- « ment seront imposées à la France.

« Pour bien comprendre la situation, il faut se « rappeler que deux questions sont à traiter : « celle de la dette directe de l'Etat français envers « le Trésor britannique, qui se chiffre environ à « 600 millions de livres ; celle des avances de la « Banque d'Angleterre à la Banque de France, « agissant pour le compte de l'Etat, et qui, par « deux fois, a dû engager son or ; d'abord 18 « millions de livres en échange d'une ouverture de « crédits destinée à soutenir notre franc ; puis « 53 millions 1/2 de livres en garantie d'un prêt « de 150 millions ; au total, 71 millions 1/2 de « livres sterling.

« Il y a donc deux négociations ; l'une de ban- « que à banque, l'autre d'Etat à Etat, qui ne man- « queront pas d'influer l'une sur l'autre. On pré- « voit d'ailleurs qu'en cas d'accord entre les deux « gouvernements, le règlement sera un règlement « d'ensemble.

« En septembre dernier, dans les conversations « préliminaires entamées par M. Caillaux, on s'était entendu sur 62 annuités de 12 millions 1/2 « de livres. M. Caillaux subordonnait d'ailleurs « cet accord à trois clauses : clause de sauvegarde, « l'Angleterre acceptant, pour une part du règle-

« ment, délégation directe sur la quote-part fran-
« çaise des annuités du plan Dawes ; clause de
« transfert, permettant une certaine élasticité
« dans la fixation des échéances afin d'éviter des
« répercussions trop violentes sur le change ; mo-
« ratoire partiel de 1925 à 1930.

« Cependant, ni sur la clause de sauvegarde, ni
« sur la clause de transfert, l'entente n'a pu se
« faire jusqu'ici.

« En attendant, aux termes d'un règlement pro-
« visoire signé le mois dernier, M. Raoul Péret
« s'est engagé à verser à l'Angleterre 4 millions
« de livres sterling, dont 2 millions le 30 septem-
« bre 1926 et 2 autres millions le 31 mars 1927.

« Il est, en dehors des clauses de sauvegarde et
« de transfert, une autre question sur laquelle on
« ne s'entendra pas facilement : c'est celle de l'or
« français en dépôt à Londres. Sur cette question
« notre éminent confrère et ami Stéphane Lau-
« zanne, dans *Le Matin*, appelle éloquemment
« l'attention du public : « Il y eut, écrit-il, beau-
« coup d'argent prêté et emprunté pendant la
« guerre. Nous avons emprunté à l'Angleterre, à
« l'Amérique ; nous avons prêté à la Russie, à
« l'Italie, à la Belgique, à la Serbie, à la Rouma-
« nie. Cependant, il n'y eut qu'un pays qui, tan-
« dis qu'on se battait, exigeat une couverture
« d'or, afin de fournir les moyens de continuer
« la lutte ; ce pays, c'est l'Angleterre. L'Améri-
« que, qui nous prêta plus de 3 milliards de dol-
« lars, nous demanda simplement notre signa-
« ture et jamais un gramme d'or. L'Angleterre,
« qui nous prêta moins, nous demanda notre si-
« gnature et de l'or en garantie. Néanmoins, il
« reste bien entendu, n'est-ce pas, que l'Angle-

« terre est un pays de « gentlemen », tandis que « l'Amérique est un pays de trafiquants ».

« Donc, par deux fois nous avons dû déposer « notre or au Mont-de-piété britannique. La pre- « mière fois, c'est la Banque de France qui, en « échange d'une ouverture de crédit de 55 mil- « lions de livres sterling destinée à soutenir no- « tre franc, dût envoyer à la Banque d'Angle- « terre 18 millions de livres d'or. La seconde fois, « l'Etat lui-même qui, le 24 août 1916, en garan- « tie d'un prêt de 150 millions de livres, dût pro- « mettre de donner en gage à l'Etat anglais une « masse d'or de 53 millions et demi de livres. Au « total, 71 millions et demi de livres sterling, « 1 milliard 787 millions de francs-or, « d'or « français », ont traversé le pas de Calais et de- « meurent consignés dans les caves de la Cité de « Londres.

« Pour les 18 millions de livres d'or, constituant « la garantie de la dette de banque à banque, pas « trop d'inquiétudes à avoir ! C'est la Banque de « France qui acquitte annuellement cette dette ; « on peut compter sur sa vigilance pour faire « rentrer l'or à l'époque convenue, c'est-à-dire « entre 1928 et 1930.

« Pour les 53 millions et demi de livres d'or « constituant la garantie de la dette d'Etat à Etat, « il y a lieu, au contraire, d'entretenir les plus « vives alarmes. Cet or, l'Angleterre le tient ; cet « or, l'Angleterre nourrit l'espoir secret de le gar- « der. Aucune date n'est assignée à son retour. « Chose plus grave, cet or, personne, chez nous, « ne parle de le faire revenir. Nos « juricoles » « et nos phraséologues nous entretiennent de « clauses de sauvegarde, de clauses de transfert, « et ils restent muets comme des carpes sur notre

« or, sur cet or qui n'eût jamais dû quitter la « France et qui doit à tout prix y rentrer.

« Une fois de plus, je supplie mes concitoyens « d'envoyer promener les formules et de s'atta- « cher aux réalités. Dans la dette anglaise, la réa- « lité, c'est le milliard et demi d'or qu'on a à « nous, qu'on détient à nous, et qu'on doit nous « restituer dès lors que nous réglons notre fac- « ture et que nous commençons à la payer. Notre « or, il nous faut notre or ! Le reste n'est que ver- « biage et amusette pour les jeux de cirque par- « lementaires. Pourquoi, quand l'accord de Wa- « shington sur les dettes ne prévoit pas la garan- « tie d'un gramme d'or, l'accord de Londres sur « les dettes prévoirait-il le maintien sous séques- « tre de 53 millions et demi de livres d'or fran- « çais ?

« Voici ou jamais le cas d'adjurer nos négocia- « teurs. Voici ou jamais le cas de leur dire : « Non, non et non ! » Il ne s'agit pas de mot, cette « fois. Il s'agit du tiers de l'encaisse métallique « de la France. »

« A ce sujet, *Le Temps* rappelle que la restitu- « tion de cet or, selon l'inventaire Clémentel, « doit être assuré « parallèlement au rembour- « sement de l'avance spéciale qu'il gage et dont « l'emploi actuellement fait par le gouvernement « anglais nous assure un service régulier d'inté- « rêts, inscrits en déduction de nos propres char- « ges.

« Il y a, du reste, le précédent anglo-italien. Car « le gouvernement italien avait aussi remis, dans « des conditions analogues, en 1915, un dépôt « d'or à l'Angleterre pour une somme de 22 mil- « lions 200.000 livres. Le règlement intervenu le « 27 janvier dernier entre MM. Volpi et Chur-

« chill, pour la consolidation de la dette ita-« lienne envers la Grande-Bretagne, contient un « paragraphe 7 qui prévoit le remboursement « graduel de ces 22 millions 200.000 livres au « cours des 62 années de la période de consolida-« tion, et sans intérêt !

« Il est probable que les Anglais opposeront ce « précédent à toute demande française de rever-« sement total, et que le ministre des Finances « devra se contenter d'un remboursement gra-« duel.

« Il est bien vrai pourtant, comme le dit Sté-« phan Lauzanne, que cet or n'eût jamais dû quit-« ter la France ! Mais qui prévoyait, en ce temps-« là, que la France serait un jour sommée par « ses alliés de rembourser à ceux-ci leur part des « sacrifices communs ?

Quant aux 48 millions de livres d'or correspondants à la Banque de France pour lesquels M. Stéphane Lauzanne avait prédit avec raison qu'il n'y avait pas d'inquiétudes à avoir, le peuple Français apprit avec autant de surprise que de joie que la Banque de France, anticipant sur les dates d'échéances, avait fait rentrer cette quantité d'or dans ses coffres.

Par conséquent la question des 53 millions 1/2 de livres d'or incombant à l'Etat reste seule en litige.

Maintenant, pour juger sainement de la possibilité de remboursement de ces énormes dettes, nous allons procéder par ordre en envisageant la situation budgétaire de la France.

La population de la France, suivant le dernier recensement de 1921, est de 39.209.518 habitants, en nous basant sur celui précédent de 1911, dont nous avons la décomposition, au point de vue économique (le ministère compétent n'a pu encore fournir les statistiques de celui de 1921), bien que la population soit en augmentation insignifiante, les chiffres de décomposition ont certainement varié, mais faute de mieux, nous appliquerons les statistiques de 1911, nous obtenons :

1. Patrons et assimilés..............	8.718.738
2. Parlementaires, magistrats, hauts fonctionnaires, officiers et tous offices nationaux	45.948
3. Rentiers et retraités..............	560.200
4. Salariés ou recevant un traitement y compris les administrations d'Etat	10.791.140
5. Mineurs (population des deux sexes de 1 à 20 ans)............	13.876.820
6. Femmes sans occupation et population inactive	5.216.672
Total......	39.209.518

Il ressort de cet exposé deux catégories bien distinctes :

Population active : 1, 2, 3, 4	20.116.026
Population inactive : 5, 6	19.093.492
Total......	39.209.518

Le budget de 1926, suivant le rapport de M. Henri Chéron au Sénat atteignait le chiffre respectable de 40 milliards de francs qui se décompose ainsi :

Dette publique consolidée ou flottante	18.750 millions	
Pensions civiles ou militaires, dont 4.200 millions de pensions de guerre	5.750	—
Guerre et marine	6.400	—
Autres ministères	9.100	—
Total......	40 milliards	

Et cela était sous le dernier ministère Briand, qui eût à l'époque le grand mérite d'équilibrer le budget, mais... M. Poincaré a dû, pour des raisons politiques, (toujours la même histoire) enfler encore cet effarant budget, il résulte que même sans compter les larges centimes additionnels que le cabinet de M. Poincaré a été obligé d'ajouter, que les habitants de notre pauvre France, (depuis le bébé qui vient de naître jusqu'au vénérable veillard de 106 ans que le recensement de 1911 signale), doivent payer chacun plus de 1.000 francs d'impôts et probablement 1.200, avec les centimes additionnels conciliateurs du ministère d'Union Nationale. Si l'on tient compte que dans la population, il n'y a que la moitié qui manie de l'argent, beaucoup ou peu, la population active, qui est de 20 millions d'âmes, il s'ensuit que celle-ci a le double à payer ; il échoit donc à chacun d'eux l'incomparable bonheur d'avoir à payer une somme moyenne de 2.400 francs d'impôts.

Et dire qu'on a pu lire dans la presse étrangère (anglo-saxonne) qu'en France on ne payait pas d'impôts ! ! !

Qu'on le veuille ou non, tous les impôts quels qu'ils soient se résolvent toujours et inévitablement en augmentations des prix des marchandises, les commerçants disent « que nous importe, c'est la marchandise qui paie », et c'est la démonstration que la moyenne indiquée ci-dessus comme impôts touchant l'individu est vraisemblable.

Si la valeur de notre franc est en hausse par rapport aux changes précédents, son pouvoir d'achat aura quelqu'importance pour les transactions extérieures, mais à l'intérieur il aura peu changé, la vie chère continuera forcément, mais cette fois, elle ne sera plus imputable au franc, sinon aux impôts *formidables*.

Ces impôts, tels qu'ils sont actuellement, s'ils sont couverts en 1927, constitueront un maximum qu'on ne pourra réellement pas dépasser. On ne peut enfler le budget continuellement ; à un certain moemnt, on risque l'eclatement et la rupture, il y a un terme à tout, une limite.

Et en plus de cette avalanche d'impôts, on a encore la perspective des dettes de guerre à payer, théoriquement en 62 annuités, mais dont la réalité, avec ses difficultés visibles et invisibles, allongera fatalement ce délai qui deviendra probablement un siècle, et peut-être davantage, si les créanciers persistaient à ne vouloir envisager aucune concession, ce qui aurait pour résultat d'augmenter la sauce par de bons intérêts bien poivrés.

De grands esprits, et non des moindres, au sujet des dettes, ont parlé de « capacité de paiement » ! ? ! Cette expression, dont on abuse dans bien des discours, est abstraite, d'où : vague, et par cela indéfinissable ; elle est une question d'appréciation, et comme toutes les appréciations, elle est sujette à des différences énormes suivant les points de vue dans lesquels se placent les appréciateurs.

Il est nécessaire de mettre en regard de la somme des dettes de guerre qu'on nous réclame aujourd'hui, le montant qui apparaissait en 1919, lequel, il est supposable, devait déjà comprendre les intérêts antérieurs à cete date :

DETTES		Nominales en 1919	Réclamées en 1926	Différences ou intérêts de 7 ans	Taux %
à l'Amérique :					
Politiques	en millions de dollars	$ 2 933	$ 3 168	$ 685	3.33 %.
Commerciales		$ 407	(Intérêt payable annuellement. Capital remboursable en 1929)		5 %.
à l'Angleterre : en millions de livres stg.		£ 445	£ 653	£ 208	6.67 %.

Indépendamment des fameuses dettes ci-dessus énoncées, dont les réglements sont pendants, il y en a eu d'autres à l'Angleterre, à époques fixes, nous ignorons celles qui ont été payées, tous les gouvernements qui se sont succédé ont été très discrets à ce sujet, (populo dirait : cachottiers), nous ne connaissons que celles qui restent à échoir et qui sont les suivantes par année :

Remboursable à l'Angleterre	Avances de la Banque d'Angleterre	Stocks de guerre	TOTAUX
En 1927	8 millions livres	1 million	9 millions liv.
En 1928	9 —	1 —	10 — —
En 1929	15 — —	1 mill. 1/4	16 1/4 —
En 1930	5 — —		5 — —

Aux Américains, nous avons à rembourser en 1929 la dette commerciale de 407 millions de dollars comme nous l'avons vu au tableau des dettes. Durant les 10 ans de crédit, nous aurons payé 10 annuités d'intérêts à 5 % de 20.350.000 dollars chacune, nous aurons donc payé 203.500.000 de dollars d'intérêts et nous devrons toujours les 407 millions de dollars, (braves amis). Nous avons payé 7 annuités, il reste donc à payer :

Aux Américains :

En 1927, Intérêt à 5 %, des $ 407 millions, soit : $ 20.350.000
En 1928, — — — — $ 20.350.000
En 1929, le capital intégral plus les intér. — $ 427.350.000

En réunissant les échéances reconnues des dettes envers les Anglais à celles, envers les Américains, et en calculant la livre à 122 francs et le dollar à 25 francs, croyant également à des jours meilleurs, nous aurons à payer les sommes suivantes, en supposant qu'il n'y ait rien à ajouter :

En 1927	la somme de	1.006.750.000	francs
En 1928	—	1.728.750.000	—
En 1929	—	12.096.750.000	—
En 1930	—	610.000.000	—

Quand on a agité la question des dettes en 1925 on a particulièrement insisté sur un moratoire de 5 ans sans autre explication, on en comprend la raison, alors il ressort qu'il faut encore trouver une vingtaine de milliards en 4 ans, ou plutôt en 3 ans, la quatrième année 1930 étant peu de chose en comparaison des autres.

Peuple, prépare ta bourse et des crans à ta ceinture, et invite ton député à s'abstenir de proposer des dépenses, aussi justifiées paraissent-elles ; c'est toujours toi le dindon de la farce sur qui retombe la générosité parlementaire pour en faires les frais, à chaque augmentation budgétaire correspond une augmentation du prix du pain et de la chopine.

Les sommes ci-dessus qui ont fait l'objet d'un réglement doivent être payées intégralement, malgré la présomption d'avoir été façonnées à la fourchette avec des intérêts shylockiens ; mais, avec notre meilleure volonté, comment les paierons-nous, dans l'état actuel des finances de la France et de la valeur dérisoire de sa monnaie, et, quand la population est saturée d'impôts ?

Emprunter ? Creuser un nouveau trou pour boucher ceux existants, c'est reculer pour mieux sauter ; il faudra, plus tard, songer au remboursement. Ce sont les errements regrettables de nos financiers simplistes, lesquels se sont toujours appuyés sur les emprunts faciles, pour dénouer sans efforts toutes les situations, et qui ont mis notre pauvre France dans un pareil pétrin. Elle doit s'en tirer seule, par ses seuls efforts, elle doit vivre de ses propres ressources, que nous devons, tous, chercher à développer, mais, nous devons abandonner à jamais le système des emprunts.

Mais, les deux gros morceaux de nos dettes, il est impossible de les avaler sans les réduire. Tout a une fin quand la réflexion commence.

Nous répétons que pendant la grande tuerie nos deux grands alliés, qui furent les fournisseurs du monde, furent naturellement nos ravitailleurs et nos banquiers, nous avions donc, chez eux, un compte ouvert. On ne sait au juste le montant des sommes reçues en espèces, elles doivent être relatives, et même très ; la partie principale de ces dettes provient d'ouvertures de crédit pour des livraisons en nature, lesquelles fournitures, cela va sans dire, furent cotées aux prix forts : il faut dire le mot : aux prix scandaleux.

La révision de ces dettes s'impose par l'épurement, et ensuite le paiement pourra en être fait en les 62 annuités prévues sans intérêt, si minime qu'il soit ; la France malheureuse pourra peut-être arriver à se liquider, ce qui n'est pas certain, mais elle en fera l'effort.

Prendre des engagements pour obliger la France à des restrictions, à des privations, à des souffrances continuelles durant plusieurs générations, ce n'est plus avoir la conscience nette des choses, c'est être hors l'humanité. Cela ne peut être.

Aux Nations vaincues, qui furent cependant responsables du bouleversement mondial, le traité de Versailles ne les a pas affligés d'intérêts pour les différents versements imposés au titre de réparations, puis ensuite le plan érigé par un grandissime Américain qui, probablement pour ce travail qualifié équitable, fut fait Vice-Président de la République, le plan Dawes ne mentionne aucun intérêt. S'il n'y a pas de révision des dettes envers l'Angleterre et les Etats-Unis par, d'abord, la suppression des intérêts qui multiplient la dette originale, il y aura lieu de porter le conflit à la Société des Nations qui, représentant une partie respectable des peuples de la Terre, son opinion, à ce sujet, pourrait être quasi celle de l'humanité.

Dans un discours qu'il a prononcé le 3 octobre 1926 au banquet à Alençon à l'occasion d'un concours hippique, M. Dariac député, Président de la sous-commission des dettes s'est exprimé ainsi :

« Tout d'abord, a-t-il dit, les dettes, que ce soit « vis-à-vis de l'Amérique ou de l'Angleterre, « existent. C'est un fait.

« Par suite, la discussion ne consiste pas si « nous devons ou non les reconnaître. Jamais « aucun chef du gouvernement ne les a niés.

«... M. Poincaré dans sa déclaration ministé« rielle, a traduit, avec sa netteté et sa clarté « coutumière, le sentiment général lorsqu'il a dit « à ce propos : « La France entend payer les « dettes qu'elle a contractées pour la défense de « la liberté, dans la mesure et sous la forme où « elle sera sûre de pouvoir tenir les engagements « qu'elle prendra ».

« Aucune formule n'est plus heureuse et pra« tiquement le Parlement français n'aura, en « effet, que ce choix : ou rejeter purement et sim« plement les accords de Washington, ce qui « nous mettrait dans la situation d'un débiteur

« récalcitrant, ou ratifier sous certaines réserves « en demandant par exemple que de nouvelles « conversations soient engagées sur la base de « ces accords et en vue d'y introduire, notamment, des précisions sous la forme de clauses « de garantie ou de clause de transfert ».

M. Adrien Dariac a ajouté : « Il est pourtant « une troisième hypothèse que je tiens à mentionner, moins comme président de la sous-« commission des dettes, qu'à titre purement « personnel et sans engager mes collègues.

« Considérant, en effet, l'œuvre accomplie à « Genève par la Société des Nations... on se « demande pour quelles raisons le problème de « la liquidation des dettes et des créances interalliées ne serait pas porté en bloc dans toute « son étendue, à Genève ou ailleurs, devant une « conférence ou un tribunal international. Sans « doute, je sais que l'Amérique n'est à Genève « qu'en observatrice. Mais... elle n'abdiquerait « cependant rien de cette doctrine politique en « venant rejoindre un jour, sur les bords du lac « Léman, pour une misérable question d'argent, « pour des dettes cent fois avouées, cent fois « reconnues, la vieille Europe, en proie à des « convulsions financières ».

Nous savons, d'une part, que les Etats-Unis, bien que se faufilant dans la Société des Nations pour patronner certaines conventions internationales, n'admettent pas la juridiction de cette haute assemblée, et d'autre part, qu'ils ont fait publier dans toute leur presse qu'ils n'avaient d'autres concessions à faire à celles qu'ils prétendent avoir faites, (?) et alors, ils prennent le langage autoritaire des créanciers irréductibles qui n'admettent rien ; langage qui rappelle le fameux

« pas d'observation » que l'on entend vingt fois par jour au régiment, et sur le même ton, ils disent : « Vous devez. — Payez ».

Et cependant, bien timidement, nous avons fait valoir que du temps de Lafayette, la France, ayant fait à l'Amérique des prêts importants pour l'époque, pour sa guerre de libération, avait renoncé aux intérêts respectifs pour lui faciliter le remboursement ; malgré cette générosité certains Etats ont oublié de rembourser leur quote- part. Tous les documents sont aux Archives, et il est facile de les compulser.

Nous supposions être la seule Nation qui ait eu à enregistrer des oublis de remboursements américains, un article du « Courrier des Etats-Unis » du 23 octobre 1926 nous édifie que, probablement, autrefois, oublier de payer était un peu dans les mœurs américaines, en effet, nous lisons :

« Avec un *à-propos* qui n'est évidemment pas « sans ironie ni amertume, le conseil des porteurs « anglais d'obligations étrangères, composé de « quelques-uns des banquiers les plus éminents « de Grande-Bretagne, publiant son rapport pour « l'année 1925, a cru bon d'y inclure les obser- « vations suivantes que nous trouvons repro- « duites dans la presse de Paris :

« Il semble que, par une étrange anomalie, « alors que les Etats-Unis insistent si fortement « sur l'obligation des pays étrangers de rembour- « ser l'argent qu'ils leur ont emprunté, afin de « gagner la guerre et qui a été dépensé surtout « en matériel de guerre acheté aux manufac- « turiers américains, plusieurs de leurs propres « Etats permettent que leurs propres obligations « restent encore impayées. Voici la liste des Etats

« américains, avec le montant approximatif des « emprunts non remboursés :

Alabama	13 millions	de dollars
Arkansas	8.700.000	—
Floride	8.000.000	—
Géorgie	13.500.000	—
Louisiane	6.000.000	—
Mississipi	7.000.000	—
Caroline du Nord	13.000.000	—
Caroline du Sud	6.000.000	—

Soit un total de : 75.200.000 dollars

« Ce montant ne comprend pas les intérêts.

« Au taux de 5 % pour une période moyenne « de 60 années, les intérêts, semble-t-il, s'élè« veraient à 180 millions de dollars ».

(Nous ouvrons une parenthèse pour faire remarquer que l'auteur de cette liste de 75.200.000 dollars impayés évaluant à 180.000.000 de dollars les intérêts à 5 % pour une période de 60 années est dans l'erreur.

(Chacun sait que les intérêts composé de 5 % font doubler le capital en 14 années à une différence minime, donc nous aurions :

(Pour un capital de $ 75.200.000 : 1re période de 14 ans, un premier doublement, devenant $ 150.400.000 en 14 ans ; 2e période de 14 ans, autre doublement, devenant $ 300.800.000 en 28 ans ; 3e période de 14 ans, autre doublement, devenant $ 601.600.000 en 42 ans ; 4e période de 14 ans, autre doublement, devenant $ 1.203.200.000 en 56 ans ; 5e période de 4 ans, la somme précédente augmentée chaque année de son intérêt arrive à produire le chiffre respectable de 1.462.497.000, donc la somme originale de 75.200.000 agrémentée de ses intérêts devient en 60 années la somme de 1.462.497.000, c'est-à-dire 19 fois plus; une paille).

Reprenant la suite de l'article ci-dessus :

« Il y a lieu de noter, en outre, que ces dettes « ont été contractées pour des affaires commer- « ciales, et que même les débiteurs européens « regardent leurs dettes commerciales comme des « obligations plus sévères et plus strictes que « leurs dettes de guerre.

« Le fait est bien connu. Il est seulement amu- « sant de voir les Anglais revenir si souvent sur « cette affaire de la répudiation de leurs dettes « par certains Etats américains et surtout de la « voir rappelée encore en ce moment.

« Evidemment, dans ces Etats, personne n'a « jamais eu à se casser la tête sur un préambule « comme celui qui donne tant de tintouin à M. « Poincaré.

« Le Président Coolidge n'a jamais prononcé « de discours sur les « dettes d'honneur » de « l'Alabama, de l'Arkansas, de la Floride, et des « autres Etats, et c'est bien dommage, car si la « répudiation a eu lieu sans préambule, nous « croyons qu'elle mériterait un épilogue et que « le Président Coolidge serait tout désigné pour « l'écrire ».

Et les Etats-Unis sont devenus riches ! ! !

Ils le sont devenus surtout depuis la guerre, d'après M. B. Austin (Le Matin) du 6 septembre 1926 :

« ....Avant la guerre les Etats-Unis étaient une « nation débitrice ne pouvant pas exporter d'ar-

« gent; la Grande-Bretagne puisait dans son su-
« perflu des ressources pour fournir des capitaux
« pour l'exportation et l'Angleterre n'en a plus
« relativement peu..... »

De manière que l'Amérique est une Nation enrichie de la guerre, elle pourrait se montrer plus généreuse.

Néanmoins, nous ne ferons pas l'injure à l'Amérique de lui supposer de la mauvaise foi; si, à une certaine époque, quelques-uns de ses Etats ont négligé de payer leurs dettes, nous sommes portés à croire que c'était par faute de ressources, par difficultés financières, par impossibilité, néanmoins, ils doivent se rappeler.

Personne n'ignore que les financiers de toutes les époques et de tous les pays se sont bien gardés de faire admettre la prescription en matière de dettes par les gouvernements qu'ils font marcher au doigt et à l'œil en se plaçant dans les coulisses. Il y a prescription pour tous les genres de crimes et de délits, mais non pour la question « or », elle a été, elle est, et, elle sera toujours réservée. C'est la volonté du Capitalogre qui fait loi et qui passe au-dessus de toutes les autres.

Et bien, mes amis, comme la France, accablée de charges et pressurée d'impôts est dans les limites de ce qu'elle peut supporter, ne peut véritablement payer davantage; c'est fâcheux pour les créanciers, et en désespoir de cause, elle n'a, tout bonnement, qu'à imiter les Etats-Unis; et comme eux, elle aura la même circonstance atténuante, celle de ne pouvoir absolument pas payer

Nous ne devons pas nous faire d'illusion, nous nous exposons à des représailles terribles, les créanciers riches sont toujours rancuneux et torturants d'une manière anonyme, ils s'ingénieront à nous faire souffrir davantage par une guerre sourde économique. Qu'importe, serons-nous plus malheureux ? Souscrire et payer, c'est traîner la misère toute la vie, c'est les travaux forcés à perpétuité et même davantage, puisque leur durée comprendrait la vie de nos enfants et de nos petits-enfants. Alors quoi ! ! ! Réfléchissons où nous allons.

D'ailleurs, depuis la guerre, l'Europe est réduite à la misère, elle ne s'en sortira que si les détenteurs de l'or, que si les pays qui détiennent ce talisman dont la puissance est supérieure au soleil, le veulent, et ils le voudront à la façon des chats qui laissent respirer la souris pour s'en distraire; leur mystérieuse et anonyme office de compensation est là pour dicter la cote des monnaies, sans balance ni mesure, sans règle ni méthode, par pur caprice, ce qui a fait dire par la presse : « Chaque fois, en effet, que l'on annonce une bonne nouvelle, le franc baisse, ce devrait être tout le contraire, et pourtant le fait est troublant..... »

D'autre part, « Le Matin » du 7 octobre 1926 publie l'entrefilet suivant : « Le gouvernement « ayant fait connaître ses intentions au sujet des « dettes interalliées, il s'ensuit une hausse du « francs ».

Y a-t-il un moyen mathématique de contrôler les raisons de ces mouvements de hausse ou de baisse qu'on nous impose ? Aucun. Un remède ? Aucun; si, pardon, avoir de l'or, et beaucoup d'or. Avant la guerre, Paris, Berlin, Vienne avaient de l'or en excès, ils avaient chacun leurs moyens d'action et leur office de compensation qui se contre-balançaient; aujourd'hui, tous ces moyens d'action ont disparu et sont passés dans une seule main, peut-être deux, mais la deuxième est d'influence relative, de simple réputation.

Si par prudence, par peur ou par lâcheté nous nous soumettons au Capitalogre étranger pour le subir, nous seront attachés, amarrés, bridés, à l'état d'esclavage pendant plus d'un siècle, et obligés de travailler comme des bêtes de somme et de nous crever, non pour nous, mais pour enrichir davantage, et encore plus, des créanciers, qui à l'heure qu'il est ont des capitaux de placement dont ils ne savent que faire, et dont la dette à court terme et les impôts sont diminués chaque année par suite des excédents de recettes sur les dépenses, ainsi une dépêche de l'Havas au « Matin » du 8 juin 1926 de Wasyington annonce : « Les recettes budgétaires sont tellement « supérieures aux prévisions qu'il sera possible « de faire face à toutes les dépenses courantes et « de réduire de 334 millions de dollars la dette à « court terme ».

Une autre dépêche du « Radio » du 23 septembre, au même journal annonce pour l'exercice 1926 un excédent formidable de 185 millions de dollars. Voilà pour qui nous devrons travailler le boulet aux pieds.

C'est l'infernal dilemme, ou se vendre ou se révolter.

On peut juger du sort qui nous sera réservé par les difficultés par lesquelles nous avons passé par la baisse du franc, l'augmentation progressive de la vie, et le désordre permanent qui en était la conséquence.

Pourquoi cela a-t-il eu lieu ? C'est facile à s'en rendre compte, pour paralyser notre exportation qui commençait à les gêner. Ils n'avaient pas prévu ces tyrans de la finance universelle, qui tiennent toutes les ficelles que, faisant la baisse des monnaies, la concurrence devenait plus facile, à leur détriment, bien entendu, elle a eu lieu pendant un certain temps, ils s'en sont rendus compte et ils ont compris qu'ils s'étaient fourvoyés ; alors comme correctif, ils ont appuyé sur la chanterelle des changes, chaque jour un peu plus, pour que nos productions arrivent à un prix où nous cessons d'être dangereux.

Les Etats-Unis attendent avec impatience que nous nous engagions pour la vie, (vie complète d'un homme) et dans ce but, ils promettent de nouveaux crédits, qui nous enferreront davantage et leur rapporteront les plus immenses profits. M. Garraud B. Winston sous-secrétaire du trésor américain, dans un discours-amorce au Bankers Club de Kansas City le 11 octobre 1926, a prononcé des paroles engageantes, certes, mais aussi, d'autres soulignent leur espoir de canaliser encore et toujours : « ......Rien n'est plus productif que « l'argent qui met financièrement sur pied une « nation. En Amérique nous avons l'argent avec « un large marché à l'étranger, nous retirons un « bénéfice considérable de la stabilisation euro- « péenne. Ces crédits ne sont pas accordés par la « Trésorerie mais par les Banques fédérales de « réserve agissant conjointement avec les ban- « ques d'émission d'autres pays stabilisés et des « banquiers américains.

« Les problèmes de stabilisation, continua M. « Winston, comportent des facteurs politiques et « économiques, et la solution des premiers sem- « ble être en bonne voie. Du point de vue écono- « mique, la France a une balance favorable de « paiements et la « stabilisation dans ce pays est « faisable »; l'Italie est en meilleure situation

« politiquement qu'économiquement; quant à la « Belgique, elle occupe une situation intermé« diaire.

« Parlant plus particulièrement de la France, « le sous-secrétaire dit que la stabilisation récla« me la consolidation des dettes extérieures aussi « bien que l'équilibre du budget et la valorisation « permanente de la monnaie.

« La détermination d'un point de stabilisation, « semble-t-il, n'est pas suffisante car il faut être « sûr que la valeur fixée sera maintenue. C'est « alors que les Etats-Unis peuvent entrer en jeu « en accordant des crédits ou des emprunts pour « soutenir le programme des gouvernements jus« qu'à ce que la confiance du public soit com« plètement rétablie ».

Malgré tout cela, il est tout de même consolant de constater que sont nombreux les Américains, amis de la France, parmi lesquels se comptent des Sénateurs et des Députés démocrates, qui, outrés des exigences de leurs compatriotes, font une campagne en vue de la révision et même de l'annulation des dettes interalliées. Dans un discours de M. Bambridge Colby au « Lafayette-Marne-Day » le 6 septembre 1926 à Philadelphie, en faveur des relations d'amitié franco-américaine, on détache cette jolie pensée à notre adresse : « Il y a aussi une chambre de compen« sation où la balance est établie par des hom« mes de cœur et non par des experts compta« bles ». On cite également aux États-Unis, le revirement de certaine presse qui n'était pas taxée de francophilie, ainsi : M. Arthur Brisbane, du « New-York Américan », qui est le bras droit de M. Hearst et qui s'est fait une notoriété en réclamant le paiement total et sans délai des dettes de guerre, semble avoir été profondément impressionné par le défilé pathétique des mutilés français, et il écrit :

« J'aimerais voir les paiements français retar-
« dés sans intérêt, indéfiniment ou tout au moins
« jusqu'au jour où les blessures françaises seront
« cicatrisées ».

Egalement, M. Adolph S. Ochs, propriétaire du « New-York Times », qui mène depuis quelques temps une vigoureuse campagne pour l'annulation des dettes interalliées, a récemment accordé une interview dont voici les principaux extraits :

« La pression que nous exerçons actuellement
« pour faire payer les dettes de guerre nous amè-
« ne la mauvaise humeur de l'Europe. Aux yeux
« de nombreux Européens, les Etats-Unis pa-
« raissent jouer le rôle d'un créancier sans pitié.
« Beaucoup parmi les peuples d'Europe se trou-
« vent presque ruinés économiquement, finan-
« cièrement et industriellement, tandis que nous
« jouissons d'une prospérité nationale considé-
« rable. Les chiffres indiquent que notre richesse
« nationale s'est augmentée dix fois depuis 1913.
« Le rapport de la Trésorerie fédérale montre une
« plus-value pour l'année de près de 400 mil-
« lions de dollars. Ainsi l'Européen regarde les
« Etats-Unis comme un pays avec des coffres-
« forts qui éclatent presque et qui, malgré cela,
« insiste pour prendre le dernier centime d'un
« débiteur extrêmement malheureux.

« Et ce n'est pas un débiteur ordinaire. C'est un
« débiteur qui a combattu à côté de nous dans
« une cause commune, qui a souffert, qui s'est
« sacrifié et qui a donné des millions de vies tan-
« dis que nous le poussions à tenir la ligne jus-

« qu'au moment où nos réserves pouvaient lui « arriver.

« Nous sommes maintenant la nation la plus « prospère de toute l'histoire du monde, tandis « que l'Europe souffre encore terriblement des « effets de la guerre. Tout Américain voyageant « à l'étranger remarque par de nombreux exem- « ples que l'Europe n'aime pas les Américains à « cause de notre attitude au sujet des dettes. Cette « aversion risque de devenir un danger pour « nous. L'Amérique devra examiner le problème « des dettes du point de vue de son propre inté- « rêt ».

Malheureusement, ces nobles campagnes sont destinées à l'avortement. Il n'y a, aux Etats-Unis, que deux partis politiques d'égale force, les démocrates et les républicains, ceux-ci représentent les capitalistes et sont considérés comme des conservateurs ultra-protectionnistes, et américanistes intransigeants. Les démocrates ne sont pas le contraire, ni des populistes non plus, ce sont toujours des américanistes, mais un peu moins intransigeants, un peu moins infatués de la grandeur américaine, avec des tendances libre-échangistes, tendances seulement, et tout comme aux républicains, les affaires étrangères les laissent assez indifférents, néanmoins, ils seraient, peut-être, un peu moins irréductibles dans les affaires internationales. En somme, c'est un simple groupement politique qui se mesure avec l'autre, qui lutte avec lui dans les périodes électorales, en y mettant l'amour-propre que l'on constate dans les matchs sportifs.

M. Wilson était démocrate, et naturellement son gouvernement était démocrate, aujourd'hui les républicains sont au pouvoir, les démocrates sont sans influence, et M. Coolidge a déclaré formellement qu'il s'opposera à toute reprise de discussion des dettes, l'affaire est entendue; et aux Etats-Unis devant la décision du Président, toute la Nation s'incline. Il n'y a pas de politique autre que celle d'Etat, politique du Président, qui est toujours sans opposition.

Compter sur un changement de gouvernement, c'est aléatoire, les Américains font les élections comme ils lancent des marques de produits quelconques, à force de réclames tapageuses et couteuses, naturellement les démocrates, bien que réunissant une masse formidable pour les élections, sont toujours dépassés dans la course aux gros sous par le parti des plus gros richards du monde, et il n'y a pas d'espoir que cela change. Le peuple américain ne s'intéresse pas assez à la politique de son pays. Si, en France, dit-on, tout se traduit par des chansons, aux Etats-Unis, tout est motif à des paris: aux élections présidentielles, on parie pour tel ou tel candidat comme on le fait aux courses. Les Américains n'ont pas le feu sacré des principes.

Alors, devant le sort qui nous est fatalement réservé par les exigences des Capitalogres étrangers, à tout bien considérer, le mieux est de répudier les dettes de guerre si nos créanciers persistent à la considérer commercialement.

Ne pas payer, c'est nous révolter, c'est être condamné à vivre chacun chez soi, c'est-à-dire de nous passer de leurs produits, et les importations et les exportations seront quasi paralysées, en vérité, nous ne serons pas plus malheureux. C'est à nous à arranger chez nous une vie relative et paisible avec les éléments dont nous disposons; et avec le concours de nos colonies nous ne devrions manquer de rien.

Comme conséquences immédiates, si nous ne marchons plus en automobile par raison majeure, nous utiliseront comme par le passé le moteur à crottin, et nous vivrons tout de même.

Cela semble bizarre d'écrire de pareilles choses, eh bien, qu'on le veuille ou non, avec l'esprit outré de xénophobisme qui se développe partout, en Amérique comme ailleurs, toutes les Nations, un jour ou l'autre, pour toutes espèces de raisons devront en arriver là, et rentrer chacune dans sa coquille.

L'internationalisme a, de tous temps, été le tremplin du Capitalogre, il était admissible quand il y avait réelle réciprocité entre les nations, par les achats et les ventes de marchandises originaires ou spéciales à chacune d'elles. Aujourd'hui, non seulement il n'y a plus de produits spéciaux aux nations, tous les pays produisent toutes les variétés de marchandises, mais encore ils produisent en quantités grandes, dans le but de vendre aux voisins; tous, veulent faire de l'exportation. Mais, comme toutes les nations font de même, on se demande où seront un jour les clients de l'exportation. Dans cet ordre de choses, les Américains, pour évincer la pénétration des produits étrangers et conserver leur or, se sont entourés d'un protectionnisme outrageant. Les portes sont fermées pour le commerce chez eux, mais ils voudraient que nous tenions les nôtres ouvertes pour leur commerce chez nous. La réciprocité, où est-elle ? Notre riposte est de porter les droits de douane en valeur « or », comme cela se fait au Guatemala.

De plus, dans tout les pays où les finances sont

boiteuses, c'est-à-dire, dans presque le monde entier, on prêche l'économie et l'abstention d'acheter des produits étrangers, pour éviter de grossir la balance créditrice qui influe sur les changes.

Alors, en réfléchissant bien, on se rend compte que l'internationalisme économique s'anémie de plus en plus, pour diverses raisons, et qu'il est appelé à disparaître un jour. Cela rappelle la phrase fameuse de Victor Hugo dans Napoléon « le Petit : « Ce qui doit être sera, il faut que ce « qui doit couler coule, que ce qui doit naître « naisse, que ce qui doit croître croisse, mais faire « obstacle à ces lois naturelles, le trouble sur- « vient, le désordre commence ».

Eh bien, la loi naturelle des peuples est leur évolution sociale dans un esprit de Liberté. Etre amarré comme l'exige le Capitalogre étranger est anti-humain ; si l'ombre de Robespierre pouvait parler, elle nous donnerait son opinion, voire même des conseils.

Leur empiètement dans tous les domaines devient encombrant et leur allure est plus qu'immodeste. Tous les étrangers, quels qu'ils soient, sont modelés d'une façon spéciale, qui est le propre qui les distingue les uns des autres, et l'esprit qui les anime est conséquemment très différent entre eux; pour notre part, nous n'échappons pas à la loi commune, et du point de vue du concert des nations, nous avons aussi nos qualités et nos défauts; mais sans vouloir entrer dans une dissertation hors de propos, nous passerons sur les qualités et les défauts qui nous reviennent, nous ne retiendrons seulement que celui très accentué de notre « crédulité » qui nous fait adopter trop facilement les combinaisons étrangères dans lesquelles nous jouons un rôle de comparse ou la plupart du temps nos intérêts ne sont pas pris en considération, ou n'ont pas d'équivalent.

Avec quoi riment tous ces trusts, tous ces cartels, pour employer le mot à la mode, pour que les Capitalogres des différentes nations ne se fassent pas concurrence, qu'ils soient d'accord pour un prix large et généreux, afin de pouvoir estamper le populo de partout plus facilement et sans risques.

Notez encore, bonnes gens, que ces hautes combinaisons internationales sont à base de « limitation et de règlementation » pour détruire la concurrence normale, l'âme du commerce dit-on, qui fait subsister la loi économique invoquée si souvent, celle de « l'offre et de la demande »; et ce que nous retenons avec satisfaction, c'est que la « limitation et la règlementation » ont une importance indiscutable puisque les princes de l'industrie cherchent à en appliquer les principes à eux-mêmes.

Là, est toute la politique internationale, la sauvegarde du Capitalogre de tous les pays.

Les hommes d'Etat qui autrefois ont préconisé et soutenu l'internationalisme commercial ont certainement bien agi, il a produit de bons résultats, c'est indéniable, mais ils n'avaient pu prévoir la funeste guerre et ses terribles conséquences, ni le revirement général aux idées nationalistes, maintenant, ils seraient obligés de faire machine en arrière. On peut dire que les beaux jours ont passé et ne reviendront plus.

A quoi servent les Chambres de Commerce étrangères dans tous les pays, elles servent à imposer l'influence étrangère, leur but est atteint et quelquefois dépassé, les Turcs s'en sont bien aperçu, et ils y ont remédié énergiquement en priant les Chambres de Commerce de déménager illico, ils ont eu raison ; ils veulent vivre d'eux-mêmes.

Un article très suggestif de M. Louis Forest du *Matin* intitulé : « Les enseignes en langues étrangères » corrobore notre opinion, il dit ceci « ...Un « des vœux déposés dans un des derniers con« seils généraux tenu à Versailles est en train de « faire quelque bruit. Le vœu d'une nouvelle taxe « a été voté. On voudrait une taxe triple sur les « enseignes rédigées en langue étrangère... Ce « projet va être immédiatement proposé au mi« nistère de l'Intérieur... On a fait remarquer que « les rues de Paris commençaient à fournir les « preuves d'une véritable colonisation. Certains « commerçants étrangers ne se donnent même « plus la peine de traduire leurs enseignes en « français. Ils se considèrent en pays conquis. La « taxe triple leur ferait comprendre qu'ils ne « sont pas tout à fait chez eux. Que le premier « devoir de ceux qui travaillent en France est de « se rappeler que c'est en France qu'ils travail« lent, qu'il est encore utile de garder un certain « respect de certaines susceptibilités et que le « Français qui passe dans sa rue tient à ne pas « se sentir tout à fait dépaysé. »

Cette appréciation sur les Anglo-Saxons et surtout sur les Américains est universelle, ils empiètent à la hussarde dans les nations débiles, et pénètrent avec une certaine arrogance dans celles dont la culture chevaleresque incomprise n'admet pas de les rappeler au bon sens.

Etre « sans gêne » est leur genre, et c'est cette espèce de hardiesse qui leur donne la croyance d'être dans le monde des « êtres supérieurs ».

Nous avons souvenance qu'au Mexique, du

temps de Porfirio Diaz, les Compagnies de Chemin de Fer, moins une, celle de Veracruz à Mexico, étaient américaines, avec leurs employés purement américains, dont la majeure partie ignorait l'espagnol, la langue du pays ; il s'ensuivait des conflits journaliers et permanents avec le public. Un jour, un incident fâcheux survint à notre Consul de France à Mexico dans un trajet de chemin de fer ; le conducteur du train, paraît-il, lui aurait dit en anglais de ne pas rester sur la plateforme, et d'entrer à l'intérieur du wagon, notre pauvre Consul ne comprenant son langage ni son ordre, n'obtempérant pas à sa convenance, fut violemment malmené et boxé magistralement, il en a conservé les traces sur le visage pendant plusieurs jours.

Pour remédier à cet état de choses, le gouvernement mexicain dût faire une loi pour que l'Etat devint acquéreur de 55 % des actions des Compagnies, et en avoir, suivant l'expression américaine, « le contrôle ». Les employés américains furent alors remplacés par des mexicains.

Plus tard, dans Mexico, le grand nombre d'inscriptions et d'enseignes américaines appela également l'attention du gouvernement. D'abord on imposa pour ces enseignes un droit progressif par lettre et par dimension. Ensuite, sous un autre gouvernement, les enseignes en langue étrangère au pays furent interdites.

Il y a lieu de rappeler que les comptabilités commerciales étant sous le contrôle de l'Etat par la loi du timbre (toutes les factures et les souches du livre facturier devaient être revêtues des timbres spéciaux à talons, à raison de 6 piastres par 1.000 ; et un contrôle avait lieu périodiquement), toutes les comptabilités disons-nous étaient obligatoirement en la langue du pays, sous peine d'amende très sévère.

Les commerçants se considèrent en pays conquis dit M. Louis Forest, c'est exact, et ce ne sont pas seulement les commerçants étrangers avec leurs enseignes, c'est toute la race anglo-saxonne qui se considèrent ainsi. Les Anglo-Saxons ne conquièrent-ils pas le monde tous les jours un peu ? Et la France, en particulier ? Ils nous imposent leur langue, leurs mœurs et leurs goûts par les jeux, dont on s'imagine quelque peu qu'ils en ont le monopole, quand on les comprend dans l'expression générique « les sports », c'est bien français ! et nous en absorbons tous les mots, les uns après les autres.

Toutes les distractions, autrefois françaises deviennent anglaises ou américaines (c'est la même parenté), en substituant leurs mots aux nôtres : et ces mots étrangers, nous les propageons, nous les popularisons, la presse, cette grande éducatrice, se prête bénévolement à cette propagande par le langage, croyant voir, en chacun de ces mots, un mot spécial caractéristique, déterminant une chose spéciale. Ainsi, nous voyons dans le même journal qui nous communique les appréciées satires de M. Louis Forest, à propos d'un article sur la loutre, qu'il existe chez nous, entre français, un « Fishing Club de France » ! ! ! Savez-vous, braves gens, la traduction littérale du nom de cette société ? « Fish » veut dire poisson, « ing » est une terminaison comparable à celle du participe présent du verbe formé avec un substantif, dont, il apparaît que « fishing » veut dire « poissonnant ». Et, nous autres Français, qui aimons les choses précises et les mots explicatifs, voyez comme nous sommes servis, nous avons : « Poissonnant Club de France », c'est pur, pour des Français.

Yachting, et tous les mots en « ing » sont dans le même cas.

Dancing veut dire « dansant » et non l'endroit où l'on danse, où l'on se contortionne.

Foot-ball, traduction littértale « pied ballon ».

Stade est une distance de 185 mètres.

Record, que nous appliquons comme « dépassant », le dictionnaire nous apprend que sa signification est : registre, archives, annales, et comme verbe : enregistrer, inscrire, rapporter.

Pourquoi « studio » ? au lieu d'atelier.

Pourquoi « star » ? qui veut dire : étoile.

Pourquoi « meeting » ? dont « meet » veut dire : rencontrer, quand nous avons : réunion, assemblée, deux termes plus précis.

Pourquoi « look-out » ? qui veut dire : gare, attention, et que nous employons pour « grève de patrons ou d'employeurs ».

Pourquoi « docker » ? que nous employons pour « ouvrier du port ». Ayant francisé « dock », la terminaison anglaise est ridicule, on devrait écrire « docleur »; c'est d'ailleurs la prononciation anglaise de « docker ».

Pourquoi avons-nous abandonné « chauffeur » pour « wattman » ? « Chauffeur » n'était peut-être pas bien approprié, c'est possible, mais « wattman » l'est encore moins, parce que l'on ignore la signification exacte de ce mot ; les espagnols, plus logiques, disent « motorista ».

Pourquoi H. P., abréviation de « Horse Power » qui veut dire beaucoup de choses, parmi lesquelles on trouve : « cheval puissance », quand C. V., cheval-vapeur est explicite et, qui plus est, scientifique. Pour cette dernière abréviation, nous devons reconnaître que de nombreux industriels sont revenus à la raison.

Pourquoi « standard et standardiser » ? quand le dictionnaire nous apprend que « standard » veut dire : étendard, drapeau, étalon, titre (d'or), type, modèle, arbre en plein vent, pavillon (marine), auquel mot nous donnons une signification qu'il n'a pas, et nous employons « standardiser » pour signifier « fait en grand », fait en série », ce qui est faux.

Pourquoi « Watter closet », qui veut dire « eau close, cabine », quand nous avons « Cabinet d'aisance », qui est indiscutablement plus logique et plus explicite.

Puis, une quantité innombrable de mots dont chacun veut dire, en anglais, des quantités de choses (la langue anglaise étant, de toutes les langues connues, une des plus pauvre en mot) auxquels nous attribuons une signification unique et spéciale, ce qui est une grande erreur de notre part.

Nos commerçants de Cognac et de Champagne employent les formules anglo-saxonnes sur leurs étiquettes, les lettres V.S.O.P. des cognacs, sont les abréviations de « Very, Superior, Old, Pale » auxquels mots, entre leurs diverses significations, on attribut celles de « Vrai, Supérieur, Vieux, Fort »; aux marques de Champagnes « extra dry », on leur donne une des significations de « dry », que l'on doit prononcer « draill » pour ne pas être ridicule, qui veut dire sec, malgré qu'il signifie également : sec, aride, desséché, à sec, tari, altéré, caustique, sévère. Et ces deux catégories d'étiquettes portent la mention « trade mark » dont le mot « trade » signifie : commerce négoce, trafic, profession, au lieu d'employer la mention française « marque de fabrique » ou celle de « marque déposée » qui sont plus absolues et qui disent bien ce que l'on veut qu'il soit dit.

Ces choses-là existent pour des raisons commerciales, dira-t-on, soit, mais elles ne sont pas réciproques, les Anglo-Saxons qui nous vendent leurs produits, non seulement leurs étiquettes sont dans leur langue, ce qui est logique, mais ils ne daignent pas ajouter une annexe ni un mot pour les rendre compréhensibles, comme le font généralement les industriels français qui emploient des contre-étiquettes en plusieurs langues suivant les pays acheteurs de leurs produits. C'est la caractéristique de l'état d'esprit des peuples.

Les Anglo-Saxons sont satisfaits de leur langue qu'ils croient absolument parfaite, et cependant elle ne traduit pas exactement toutes les teintes de la pensée, elle n'a qu'un coloris déterminé qui lui imprime une espèce de brièveté, qui peut autant être considérée comme un défaut que comme une qualité. Celui qui écoute devine autant qu'il comprend celui qui parle. Notre langue explicite et perfectionnée veut, au contraire, que l'auditeur comprenne sans deviner et sans effort, c'est la différence des deux langues.

C'est le Ministre de l'Instruction publique qui devrait être le gardien vigilant de notre langue et qui devrait prendre l'initiative de la résistance à ces introductions étrangères de mots déformant notre langage, pour garder à la France sa manière précise et élégante de s'exprimer. Les gouvernements sont responsables de cette évolution dangereuse ; un coup de barre, aidé par la presse, réagirait certainement.

Cela est le travail lent et profond de la pénétration de la langue anglaise dont les Anglo-Saxons ont toujours caressé l'espoir de voir leur langue supplanter toutes les autres à une époque indéterminée, et devenir ainsi la langue universelle lorsqu'elle sera parlée par la grosse majorité des habitants du globe.

Pour le moment, ils auraient bien tort de se gêner, tout le monde s'y prête aveuglément, et disons le mot véridique au risque de froisser beaucoup de gens, avec « imbécilité », parce que tous ces mots anglais, prononcés à la française, sont affreusement écorchés et incompréhensibles pour les Anglais et les Américains, qui se rient et se gaudissent de notre singerie.

De plus, par snobisme (autre mot anglais), effet d'une mode stupide, la jeunesse d'aujourd'hui abandonne les traditions françaises, celles du port mâle de la barbe et surtout de la moustache, paraissant n'être plus de la souche des héroïques et inoubliables poilus, pour affecter le genre américain qui produit une vague ressemblance aux ecclésiastiques ; cela, chez eux, étant intentionnel pour ajouter à leur fanatisme religieux, par l'aspect de sévérité que possède toujours un visage rasé dégarni des motifs de décoration architecturale créés par la Nature, et qui caractérisent l'homme.

Ce qui précède, est ce qui concerne une partie du genre masculin de notre moderne société, mais le côté féminin, de ce point de vue, n'est pas sans critique, au contraire : de tous temps, des femmes artistes, dans tous les genres, se sont affublées d'un pseudonyme de caractère étranger, dont l'étranger profite de la réputation, si toutefois il y a à profiter

Il s'ensuit de tout cela, que les Anglo-Saxons finissent par croire qu'ils constituent la partie sélecte (encore un mot d'origine anglaise) du genre humain, et que le reste du monde, d'une essence ordinaire, n'a droit à aucun ménagement de leur part. Il y a lieu de prendre de sages dispositions pour éviter les conflits graves, qui ne manqueront pas de se produire, quand le peuple, assez chatouilleux, se rendra compte de ces empiètement en son domaine national.

Pour rester dans la logique des choses, les peuples ont besoin de se connaître mieux et de se comprendre ; des efforts surhumains ont été faits dans ce sens et dans ce but, surtout par les membres directeurs de la Société des Nations, afin d'arriver à des rapprochements amicaux entre les peuples ; mais, voilà où la difficulté commence ; tous les membres de la S. D. N., par les généreux sentiments qui semblent les animer, devraient penser de même, sentir de même, malheureusement, il y a des différences inéluctables entre eux, et des différences bien marquées. Supposons un instant que les questions d'intérêts n'existent pas, et qu'il n'y ait pas d'obstacles aux idées généreuses dont on a le désir et même la volonté d'en faire profiter tous les peuples de la terre, les moyens de les exprimer ces idées et pensées généreuses, et en faire apprécier l'importance, étant différents, toutes les subtilités de la pensée et les sensations délicates qui en résultent, ne peuvent être relatées d'une façon uniforme, toutes les langues ne s'y prêtent pas.

C'est la langue qui fait l'homme, et qui fait les peuples.

Et, qu'on le veuille ou non, on ne pense pas de la même façon dans une langue que dans une autre, pour bien s'en rendre compte, il faut connaître une langue étrangère, et en apprécier sa littérature, on remarquera que si les sujets sont à peu près identiques, la vie humaine et l'existence étant basées partout sur les mêmes éléments, les questions de détail, les analyses sentimentales et les synthèses des faits offrent souvent des lacunes ou des ressauts brusques, et qui manquent parfois de délicatesse.

Ces différences dans l'expression de la pensée sont visibles dans les traductions des œuvres littéraires connues ; bien que les intéressés puissent arguer que les traductions ne sont pas faites par leurs académiciens, nous opinons que les éditeurs, généralement, confient leurs traductions à des hommes d'une capacité reconnue ; et, sans porter atteinte à leur talent, les interprètes, même les plus lettrés ne peuvent, le plus souvent, traduire une œuvre d'une langue étrangère que dans des conditions d'imperfection, il manque presque toujours le coup de lime qui en fait la finesse et le charme, et alors, l'idée n'est rendue qu'approximativement.

Une preuve du péché originel de deux langues, qui les rend parfois inaccordables : nous avons souvenance d'une certaine polémique, il y a quelques années, au sujet de certains articles du traité de Versailles incriminés de légères variantes dans les textes officiels des deux langues dans lesquelles le dit traité a été établi, et qui pouvaient être interprétés différemment. Il y a lieu de croire que les interprètes qui ont assuré l'exactitude des deux documents entre eux, étaient des experts linguistes.

Alors qu'il est dans le programme des amis de l'humanité siégeant à la S. D. N. de chercher à réunir tous les peuples par le lien de l'amitié, nous ne pouvons que les en féliciter, et chercher avec eux, les moyens pratiques de réaliser cette amitié.

Ces pensées magnifiques, certes, ne sont pas irréalisables, mais combien pénibles et difficultueuses par le concours inévitable des intermédiaires, des interprètes plus ou moins compétents et consciencieux, transmetteurs de pensées reproduites avec les défloraisons, les déviations, ou les variations inhérentes à leur adaptation dans des langues plus ou moins subtiles.

Il en sera autrement le jour où tous les peuples du monde parleront une même langue, ils se comprendront naturellement et pourront apprécier toutes choses avec les mêmes sentiments.

Il ne s'agit pas d'abandonner les langues nationales, non, chaque pays étant fier et orgueilleux de la sienne, c'est compréhensible, a le devoir de la conserver et de la perfectionner, il s'agit d'une langue unique que tous les peuples doivent connaître et parler concurremment avec la leur, c'est la langue universelle qui a besoin d'exister, la Société des Nations est toute indiquée pour prendre l'initiative d'en faire adopter une ; et qu'elle ne soit aucune des langues nationales existantes, qu'elle soit, au contraire, une langue neutre, construite de toutes pièces et perfectionnée, pour pouvoir réaliser avec la plus parfaite ou la plus perfectionnée des langues connues. Pour cela, le principe étant admis, un concours universel de tous les idiomes fabriqués pourrait avoir lieu sous l'égide de la Société des Nations ; toutes les Nations nommant chacune trois professeurs linguistes et les interprètes nécessaires, à l'effet de discuter les idiomes présentés, et ensuite d'adopter le meilleur en séance plénière.

Dans l'intérêt général, toutes les Nations du

monde doivent participer à cette nouvelle commission.

Après adoption de cette langue universelle, une Académie doit être fondée également à Genève, près de la S. D. N. qui la patronnera, avec le concours des créateurs et des promoteurs pour la formation des professeurs qui seront ensuite répandus dans les Nations pour l'enseignement de cette langue dans les écoles. A cette effet, chaque Nation pourra envoyer une quantité déterminée de candidats professeurs qui seront perpétuellement renouvelés.

Quelle que soit la langue choisie, la méthode la plus rapide et la plus pratique à adopter pour la compréhension immédiate est celle de l'enseignement par les images, par les objets, par les couleurs et par les sons, par les signes et par les gestes, système Berlitz, avec l'énonciation des mots correspondants à chaque chose, en évitant de parler autrement, en abandonnant, dans les cours, l'usage des autres langues. Tous les éléments hétéroclites de la terre peuvent être réunis, ils pourront suivre les cours en même temps, dans la même classe, et ils deviendront déjà, entre eux, des amis, des camarades, et seront les jalons de l'amitié universelle.

Il s'ensuit, que tous les enfants du monde dans leur école apprendront cette nouvelle langue qui fera partie de leurs études, et dans un avenir, qui, en somme, ne sera pas tant éloigné, tous les habitants du globe parleront la langue universelle, la langue diplomatique future, et pourront se comprendre et se fréquenter, c'est alors que pourra facilement et réellement exister la sincère amitié des peuples.

***

TABLE DES MATIÈRES

IMPRIMERIE MODERNE, 11, Rue du Grand-Cloître, LANGRES

www.ingramcontent.com/pod-product-compliance
Ingram Content Group UK Ltd.
Pitfield, Milton Keynes, MK11 3LW, UK
UKHW022053260726
13993UKWH00001B/79

9 782329 204185